国家出版基金项目 | 世界女子高等教育及大学女校长研究
教育部人文社科重大委托项目

世界大学女校长◆女子大学丛书

总顾问：陈至立

编辑委员会

主　　任：刘继南

委　　员：（按姓氏笔画排列）

才　华　　山红红　　马延军　　王温凤　　王路江
成嘉玲　　吕志胜　　刘利群　　杨　孟　　杨新育
邹晓巧　　张李玺　　张秀琴　　陈乃芳　　陈维嘉
胡正荣　　袁　军

（按英语字母排列）

Fay King Chung（朱慧琼）

Gülsün Sağlamer（居尔松·萨拉莫）

Judith Kinnear（朱迪斯·甘丽雅）

Marvalene Hughes（玛维琳娜·秀茨）

Noriko Mizuta（水田宗子）

文学指导：赵凤翔

审读专家：尹廉钊　　李晓华　　杨旭东

世界大学女校长 ◆ 女子大学丛书
Series on World Women University Presidents & Women's Universities

国家出版基金项目
NATIONAL PUBLICATION FOUNDATION

JACQUELINE WEIS LIEBERGOTT
杰奎琳·里博格特
美国埃莫森学院校长

张龙 等著

中国传媒大学出版社
Communication University of China Press

总　序

百年大计，教育为本。世界各国的经验表明，强国梦必须有科教梦做支撑。科教兴国，是中国的基本国策，是从教育大国到教育强国、从人口大国到人力资源强国的必由之路。高等教育处于教育体系的顶端，是联结科技与教育的重要桥梁。衡量一个国家科技和教育水平的高低，在很大程度上要看这个国家高等教育的水平。

回顾大学的发展历史，我们不难发现，一所大学办学质量的高低，往往取决于校长的水平。世界著名大学发展的每个重要阶段，都铭刻着大学校长的办学理念和思想，正如艾略特之于哈佛大学，蔡元培之于北京大学，梅贻琦之于清华大学。研究大学校长的办学理念和思想，是管窥一所大学兴衰成败的途径，而专门研究大学女校长，则独辟蹊径，别开生面。

中国现代教育史上，大学校长虽以男性居多，然而成就卓著的女校长也不乏其人。她们推动了大学的变革，丰富了大学的精神内涵，如金陵女子大学老校长吴贻芳，复旦大学前校长谢希德，东南大学前校长韦钰，同济大学前校长吴启迪，等等。女校长人数虽然屈指可数，但其业绩丝毫不逊于男性同行。大学女校长为高等教育的发展注入了活力，做出了贡献。大学女校长的治校理念、办学风格乃至传奇的职业生涯，确实值得深入研究和细致品味。

女子大学是高等院校序列中的一种特有形式，为世界高等教育的发展做出了重要贡献。著名的女子大学，如韦尔斯利学院、史密斯学院、淑明女子大学、日本女子大学、御茶之水女子大学，以及中国历史上的金陵女子大学、北京女子师范大学、华南女子大学等，都写下了光辉的篇章，是世界高等教育的重要组成部分。研究世界各国女子大学，总结提炼女子高等教育的办学经验和人才培养模式，探索现代女性接受高等教育的多样化形式，对于寻求符合女性特质的教育理念和教育方法，应该说是一种有益的尝试。

由中国传媒大学承担的教育部重大委托项目——"完善中国现代大学制度视域中世界女子高等教育及大学女校长群体研究"课题，对以上两个领域进行了系统深入的研究。"世界大学女校长·女子大学"丛书，就是这一课题的主要成果。这套丛书分为四个系列：女子高等教育系列，考察全球女子高等教育的发展轨迹，呈现其办学传统和教育特色；中外大学女校长个案研究系列，以人物传记的形式深度追踪大学女校长的人生经历，剖析她们的成长历程、心智历练、办学理念和治校方略；女校长群体研究系列，群像式描绘某一国家或地区的大学女校长群体，彰显女校长个性的同时，探寻她们的共性；"世界大学女校长论坛"图文集锦系列，汇集展示了大学女校长在历届论坛上的真知灼见和绚丽风采。四个系列，四十余本，蔚为大观。

"世界大学女校长·女子大学"丛书，也是"世界大学女校长论坛"历时十三年深入研究高等教育及女性培养结出的硕果，是深化论坛主旨、促进女性事业和教育事业发展的学术行动。丛书的写作，依托"论坛"这一平台，深度访谈和研究了参加历届论坛的大学女校长，系统整理了多年积累的学术成果，可以说，"论坛"既是女校长们交流合作的舞台，也是本套丛书得以出版的重要基础。

自1995年北京第四届世界妇女大会召开以来，世界妇女运动取得了长足的进展，性别平等的高端主题——女性领导力，也已经是全球关注的议题，与女性学相关的课程在中国高校已经四处开花。今天，有识之士都深刻认识到，女性在社会各个领域的创造力和领导力，是推动社会全面发展的动力之一，也是人类文明进步的重要标尺。"世界大学女校长·女子大学"丛书，对于提升女性领导力，具有重要的参考价值，对于知识女性的成长具有积极的引导意义。

　　大学女校长是高等教育、女性、领导力的集结点，是知识女性的杰出代表，是自尊、自信、自立、自强的典型，她们不但为高等教育的发展做出了应有的贡献，更以自己坚韧顽强、宽厚包容、无私奉献的品质与情怀，阐释了女性领导力的独特内涵。对于广大女性来说，她们是教育典范和女性楷模，具有榜样的力量和示范的价值，定能引领青年女性沿着正确的道路勇敢前行。

　　女性的发展，既需要社会各方面的支持，更需要女性自身具备积极进取的意志和宽广博大的胸怀。希望丛书的研究成果能产生广泛和深远的影响，为女性高等教育提供宝贵借鉴，为精英女性的成长与成功给予智力支持；促进全社会更加重视女性平等的教育接受权和职业发展权；激励正在为打破"玻璃天花板"而奋斗的新一代女性，为女性领导力的培育与提高奠定坚实基础。

　　是为序。

2014年7月

前 言

我在中国传媒大学工作近五十年,其中有三十多年在学校领导岗位上任职。这些经历让我有更多的机会体悟、思考女性接受高等教育的重要、女性走向领导岗位的不易。

早在1996年,我即萌生组织世界各国为数不多的大学女校长进行交流合作的想法,但当时忙于学校的学科建设和转型,这一想法被搁置下来。直到2001年,在诸多同事的帮助下,我才将这一构想变成现实,召开了大学女校长"新世纪高等教育发展战略国际论坛"。此后论坛每隔两至三年举办一次。2006年,论坛挂靠中国教育国际交流协会,组建了世界大学女校长论坛组委会,负责论坛的筹划、组织工作;2009年,在江苏有关部门的关心和支持下,成立了江苏中外大学女校长教育发展基金会,为论坛筹集资金。迄今,世界大学女校长论坛已在中国北京、南京、厦门举办五届,并在新西兰、日本、美国、土耳其、津巴布韦和墨西哥等地召开六次分论坛,吸引了79个国家的800余人次大学女校长。

十年来,在与各国大学女校长的交流互动中,我深刻地感受到,女性在高等教育领域作为决策者和领军者可谓凤毛麟角,其人生历练和办学实践值得浓墨重书。翻阅每位女校长的简历、细读她们给论坛提交的论文,总能激起我发自内心的共鸣,赞佩她们的治校理念、管理智慧和人格魅力。每一位女校长都拥有鲜为人知的心路历程、卓尔不凡的领导能力与永载史册的辉煌业绩。

我的一位好友、著名女性传记作家赵凤翔教授曾说："女人要写女人。"这给了我很大启发——女校长要研究女校长。追溯大学女校长成长、成才、成功的道路，总结女性领导力的形成规律和独特优势，开展大学女校长及女性领导力研究，出版相关研究成果，就成为"世界大学女校长论坛"活动的自然延伸。

2010年，我们筹划设立了"完善中国现代大学制度视域中世界女子高等教育及大学女校长研究"课题，组织来自中国传媒大学等单位80余人的研究团队，选定34个国家80余位大学女校长，进行个案研究和群像描绘；对23个国家的女子大学进行历史梳理与全面考察。2011年，这一课题获得教育部人文社科重大委托项目立项；2013年，由该课题主要研究成果结集而成的"世界大学女校长·女子大学"丛书，获得国家出版基金资助。

这套丛书由四个系列组成，具有三个鲜明特点。四个系列：女子高等教育系列、中外大学女校长个案研究系列、女校长群体研究系列和"世界大学女校长论坛"图文集锦系列。三个特点：一是全景式描述。丛书对世界范围内大学女校长及女子高等教育，首次进行比较全面的观照和挖掘。女校长研究既有共性的揭示与比较，又有个性的剖析与呈现；女子高等教育研究既有全球视野的巡礼，又有具体国别的探究。二是人物传记式的写作方法。丛书以访谈当事人、发掘第一手资料为基础，研究和写作的过程力求再现传主的人生轨迹、突出其办学理念和治校业绩。三是可读性强。传主的真知和作者的匠心历历可见，读者能够在图文并茂中感受到智慧和灵感的融会。

这套丛书是对女性通过教育追求真善美、通过自身努力彰显智仁勇的真实颂扬。著名女作家冰心曾说：这个世界如果没有女人，就会失去十分之五的真、十分之六的善、十分之七的美。女性不仅是真善美的化身,也应是智仁勇的写照。阅读这套丛书,我们可以了解到,女性如何通过交流互鉴,凝聚智慧、取得共识;体认困境,直面现实、自立自强;付诸行动,同心同力、坚持不懈。

这套丛书是对"女性是改造世界的温柔力量"的生动诠释。置身于男性居主导地位的社会管理体系中,女性要取得成功,需要充分展现女性特质,发挥女性优势,要以女性特有的视角观察、思考、解决问题。阅读这套丛书,我们可以看到女校长们如何在战略决策上,高瞻远瞩,运筹帷幄,引领未来;在具体工作中,体贴入微、心系师生,用愿景激励师生,用行动示范师生,用厚德包容之心协理校务;在领导风格上,追求完美和精致,重视以人为本,在管理中实现个人的发展与事业发展的契合。

这套丛书是对高等教育及大学女校长社会价值的全面展示。众所周知,高等教育是形塑社会结构及价值体系的重要载体,大学校长是具有社会象征、示范和引导意义的特殊群体。女性接受高等教育、女性担任大学校长,在改变高等教育生态的同时,也在潜移默化地影响着社会结构变迁、家庭角色分工、社会责任担当、时代价值导向。阅读这套丛书,我们可以看到女子高等教育和大学女校长的发展历程,正是社会不断进步、两性趋于平等的见证,而她们成长的艰辛和不易,也呼吁现代社会迈向更加平等、公正、和谐的完善之路。

丛书已然油墨飘香,感激的话语也充溢心头。感谢江苏中外大学女校长教育发展基金会为项目提供启动经费,感谢教育部将此课题列为人文社科重大委托项目,感谢国家新闻出版广电总局提供国家出版基金资助。特别感谢十一届全国人大常委会副委员长、第十届全国妇联主席陈至立女士担任项目和丛书的总顾问,并欣然作序。

感谢这套丛书的传主、作者和编审们。他们在繁忙的本职工作之余见缝插针，千方百计，保证了任务圆满完成。传主们倾力支持、积极配合；作者们夜以继日，数易其稿；编审们孜孜不倦，精益求精。这种认真负责的精神，令人感叹。课题跨越四载，屡遭挫折，历尽艰辛，常常使我们困扰于"山重水复疑无路"，而殚精竭虑之后的新意迭出，又使我们惊喜于"柳暗花明又一村"。我相信，不久的将来，作者之中定会有著名的传记作家、女性研究专家脱颖而出。

感谢中国传媒大学文科科研处、出版社，为项目的完成和丛书的出版提供了有力保障。丛书煌煌五十本，从策划、组织、申报、撰写到编辑、装帧，学校教师及出版社职工都是主力军，都是可靠、堪用、高效的突击队。如今项目和丛书按期完成、保质保量出版，我要向他们衷心致谢！

任何一项事业，都是"一人启其端，百人扬其华"。我只是一个组织者、牵线者，项目得以完结、丛书得以问世，应归功于各位热心的支持者、参与者。让每一位年轻的女性都能自由地筑梦、勇敢地追梦、幸福地圆梦，是我最乐意为之奔忙的事业。我们期待，有更多的有识之士能参与到这一有意义的工作中来。

刘继南
2014年7月于北京

杰奎琳·里博格特,语言病理学博士,曾任美国埃莫森学院校长。

1942年出生,1973年获得匹兹堡大学的语言病理学博士学位,1970年进入埃莫森学院担任研究沟通障碍的助理教授,1984年成为研究生院院长,1987年担任副校长兼教务长,1992年成为代理校长,1993年9月她成为埃莫森学院的第一位女校长。

Jacqueline Weis Liebergott, Ph.D. in Speech-Language Pathology, President of Emerson College in USA.

She was born in 1942, and was awarded a Ph.D. in speech-language pathology from the University of Pittsburgh. She came to Emerson as an assistant professor in Communication Sciences and Disorders in 1970. In 1984 she assumed the position of graduate dean and was promoted to Vice President and Academic Dean in 1987. She served as Interim President during the 1992 academic year. She assumed the presidency of Emerson College as its first female president in September 1993.

目 录

第一章　纯真年代 ··· 001
　　第一节　战乱中的啼哭 ··· 001
　　第二节　踏入学堂 ··· 004
　　第三节　懵懂的初中 ··· 008
　　第四节　迷茫的选择 ··· 013

第二章　潇洒的青春 ··· 019
　　第一节　马里兰的浪漫 ··· 019
　　第二节　青春无悔 ··· 026
　　第三节　桥牌风波 ··· 030

第三章　硕博期间 ··· 034
　　第一节　意外的决定 ··· 034
　　第二节　初见匹兹堡 ··· 040

第三节　硕士生活 045
第四节　与博士学位第一次邂逅 050
第五节　结　婚 052
第六节　误打误撞的博士学位 053

第四章　从马里兰到埃莫森 060
第一节　重回马里兰 060
第二节　走进埃莫森 063
第三节　在授课中学习 067
第四节　两个承诺 073

第五章　初生牛犊不怕虎 076
第一节　意外抛来的橄榄枝 076
第二节　爱上管理工作 082
第三节　称职的副校长 090

第六章　意外的转折 094
第一节　迁校风波 094
第二节　临危受命 100
第三节　机遇是留给有准备的人的 104

第七章　校长十八年（上） ... 109
第一节　走出阴霾 ... 109
第二节　校区搬迁 ... 123
第三节　开疆拓土 ... 129

第八章　校长十八年（下） ... 138
第一节　学科建设 ... 138
第二节　师资力量 ... 143
第三节　学生教育 ... 147
第四节　工会去留 ... 152
第五节　成功转型 ... 156

第九章　同事眼中的杰奎琳 ... 161
第一节　"她是善交际的女强人，贤惠的好妻子" ... 163
第二节　"她是随性率真的朋友，果敢自信的领导者" ... 168
第三节　"她改变了我，改变了埃莫森，也改变了波士顿剧院区" ... 174
第四节　"她是严谨的领导，创新型学者" ... 179

第十章　一个结束，另一个开始 ———————————— 185
　　第一节　告别 ———————————————————— 185
　　第二节　会工作，懂生活 ———————————————— 189
　　第三节　成功的女权主义者 ——————————————— 199

附录1　杰奎琳接任校长时和卸任时埃莫森学院一些
　　　　数据对比 ———————————————————— 204
附录2　杰奎琳在"私立大学生态环境与发展战略国际论坛"
　　　　上的讲话 ———————————————————— 205

参考文献 ———————————————————————— 220

后　记 ————————————————————————— 223

第一章　纯真年代

"在'Howdy Doody'构建的这个美好的乌托邦世界里，每天都有灿烂的阳光，生活永远是五彩斑斓。"

第一节　战乱中的啼哭

1942年6月5日，当黎明的一抹淡晕出现在海天之际，太阳旗伴随着第四艘航母的爆炸在火光中化成灰烬。而此时，美军支援舰队已驶达港口，带着星条旗的轰炸机在天空疯狂咆哮。山本五十六望着最后一架航母飞机的残骸，下达了命令：取消中途岛占领行动。接着，他便带着日本舰队掉头灰溜溜地逃走了。

历时三天的中途岛海战就此结束。美军的胜利打破了日本不可战胜的神话，让1942年成为第二次世界大战太平洋战区的转折点。尤其对于刚刚遭受珍珠岛空袭的美国，1942年标志着它及所属盟国从防卫作战过渡至战略性进攻阶段。

也就是在这一年，杰奎琳•里博格特（Jacqueline Liebergott,

以下简称杰奎琳）出生了。

她生于巴尔的摩，这是一座位于美国马里兰州东部的海滨城市。东部环抱美丽的切萨比克海湾，西部是绵延的阿巴拉契亚山脉，加上平原和丘陵等多种地貌，构成了一幅美国地理文化的缩影。这里，以多变的自然地貌和风景优美的自然保护区而闻名于世，气候温和，恬淡宁静。然而，战争的风云也洗礼着这座风景怡人的小岛，紧邻大西洋的独特地缘优势，让这座海港城市成为二战中美国最重要的军事基地之一。诞生于此的巴尔的摩巡洋舰被喻为"二战最强的重型巡洋舰"，至今名震四海。无数的软式飞艇日夜盘旋于城市上空，巡洋舰的轰鸣打破了小岛的宁静与安详。

炮火中诞生的杰奎琳是不幸而又幸运的。杰奎琳的爷爷奶奶在市中心拥有一家小杂货店，她便随父母在杂货店的二层安了家。虽然战时经济萧条，物资匮乏，但五口之家的日子过得也还算和美，家人对杰奎琳的百般呵护弥补了战争的混乱与动荡给她童年带来的不幸。

杰奎琳的家人都是虔诚的犹太教信徒，根据犹太教习俗，杰奎琳的名字来自已故的爷爷。她的母亲出生于俄罗斯，后移民到美国，父亲则是生于美国的德裔后代。父母亲的移民生活并不顺利，因为生活的奔波，都没有机会接受良好的高等教育。素有"大熔炉"、"沙拉碗"之称的美国，是由来自各个国家的移民组成的。这种多元文化的背景，使得各个民族在"美国梦"、"美国精神"的统一文化下，依旧保持着各自独特的文化属性。杰奎琳的母亲经常会在傍晚，哼着俄罗斯民歌哄她入睡，她的父亲也会时常在家腌制德国的美味香肠，大口喝着德国的啤酒。杰奎琳就在这种多元文化交织的环境中成长起来。

杰奎琳童年照片

在昏暗的二层阁楼里杰奎琳学会了走路、说话、吃饭，在装满各种集装箱的杂货铺里杰奎琳无忧无虑地生活了两年，直到她舅舅到来。

1944年二战结束前夕，两个舅舅从战场返回马里兰。

"这个小毛孩怎么在我的房间，让她出去！"大舅用怒吼与杰奎琳打了第一个招呼。

躲在门后的杰奎琳吓坏了，哭哭啼啼地跑出房间。母亲抱起哭闹的杰奎琳，没有多说什么，一声不响地走出家门。杰奎琳的母亲是一个隐忍而倔强的女人，从小天资聪慧的她为了供这两个弟弟上学读书，很早便离开了学校。尽管很早就被迫放弃学业，常年的打工生活也艰辛困苦，她却从未有过任何抱怨。这个从小迁就弟弟们的大姐，这次也并未和臭脾气的弟弟理论，当天晚上，她便拖着还在哭闹的杰奎琳搬出了这家小杂货店。

杰奎琳的父母很快想办法在马里兰市区买了一套小房子。这是一种叫作"街房"（road house）的老房子，每座房子临街建造，一栋紧挨着另一栋。房子空间十分狭小,只有20平方米的小屋容纳了客厅、厨房、卫生间和一个阁楼。在那个特殊的时期,就连这样的"鸽子窝"也常常一屋难求。当时二战已接近尾声,美国历史上最严重的一次房荒潮正在疯狂蔓延。

1945年战胜日本后,美国军人开始大规模复员。1945年12月,陆军一个月复员近100万人,海军25万人,随后总共有将近1600万军人陆续返回美国本土。二战期间美国的房屋建设几乎停滞。而战后,结婚人数的激增,"婴儿潮"的出现,使美国房荒问题日益严重。据统计,二战后美国最低限度要有500万户房子,而从战胜日本到圣诞节期间,破土动工的房子却只有3.7万幢。于是,美国历史上空前的房荒潮出现了。

在这种背景下,美国工业制造开始蓬勃发展,经济大力复苏。身为轮船装卸师的父亲整日奔波在码头,妈妈也终日忙碌在图书馆中。所以,杰奎琳很早便被送进了家附近的幼儿园。杰奎琳并不反感幼儿园的生活,作为家里唯一的孩子,幼儿园反而让她有了更多机会认识不同的小朋友。杰奎琳虽然个头不高,略显瘦小,但凭借着聪明的头脑和活泼的个性,她很快便成为了"孩子王"。

第二节　踏入学堂

1948年,杰奎琳升入了当地一家小学。

刚开始读书的杰奎琳,很快发现书本和现实原来有着巨大的差距。此时,战后南美和拉丁裔美国士兵陆续返乡,一时间白人社会中黑皮肤的身影迅速增多。而由于美国在当时实行种族隔离制度,黑人无权和白人居住在一起。"我居住的社区,每天都有人抱头痛哭，因为他们认为自己需要搬走，却不知道为什么自己要这样认为。"深受课堂上"人人平等"教育影响的杰奎琳开始迷惑，为什么"课堂上老师说每个人都有权利过自己的生活"，而现实却截然相反。年幼的杰奎琳在当时无法明白这个复杂的民族问题，但一批批无奈搬迁的邻居给她幼小的心灵带来了巨大触动。也可能从那时候开始，她第一次学会了质疑和批判。

杰奎琳与电视的第一次亲密接触也发生在上小学时。那是一个夏日傍晚，四年级的杰奎琳放学回家，发现楼上邻居家门口围满了人。她挤进去一看，所有人都围着一个集装箱大小的盒子。这个神奇的小箱子不断变换着画面，还不时发出声音。杰奎琳被吓了一跳，慌慌张张地赶紧跑回家。妈妈看到女儿惊慌失措，马上关切地询问发生了什么事情。躲在被子里的杰奎琳这才从妈妈口中得知，那个方形的怪物叫作电视。从此，杰奎琳迷上了这个神奇的盒子。每天她都会假借各种理由，跑到楼上邻居家边吃饭边看电视，然后被妈妈连哄带骂地拽回家。直到三年后，爸爸从外面扛回来一台二手的黑白电视，杰奎琳才开始愿意回家吃晚饭。

那个年代的电视节目十分有限，而杰奎琳至今都清楚记得的只有"Howdy Doody"这个节目。

这是美国最早的一档儿童电视节目，开播于1947年，从周一到周五，每天17:30播出一集，每集半个小时，属于闻名世界的《芝麻街》的原型。节目中既有主持人，又有木偶表演和动画，博得了当时几乎所有小孩子的喜爱。里面的明星木偶人物即是"Howdy Doody"，这个名字取自美国人见面时的传统招呼"How do you do?"主持人鲍勃·史密斯（Bob Smith）往往身着西部牛仔风格的衣服，附和玩偶Howdy Doody的夸张表演。当20世纪50年代的战后经济转型和民权运动成为成人世界的主题时，"Howdy Doody"为孩子们提供了一个心灵的避风港。

"在Howdy Doody构建的这个美好的乌托邦世界里，每天都有灿烂的阳光，生活永远是五彩斑斓。"童年每天傍晚五点钟的快乐时光至今仍然让杰奎琳回味无穷，当时买的Howdy Doody的玩偶，杰奎琳甚至还一直保留着。

跟电视一样令杰奎琳着迷的，还有一个人。

升入五年级的杰奎琳迎来了第一个男老师——奥斯德立兹（Austerlitz）。高高瘦瘦、帅气英俊的奥斯德立兹第一次走进教室就引起了全班女生的尖叫。

"大家好，我是奥斯德立兹。我不是来教你们读书的，而是来和你们分享我自己对问题的看法和思考。你们别担心，我不会在办公室跟其他老师分享你们的秘密，也不会联系你们的爸爸妈妈状告你们的错误。"

奥斯德立兹的开场白至今仍深深地印在杰奎琳的脑海中。不过对她而言更重要的是，奥斯德立兹的出现让她开始思考一个问题——"在那个时候，小学老师、护士是女人天生的职业，而男人们会去大学当教授、在医院里做医生，但奥斯德立兹的出现打破了这个'规矩'，我就突然开始想这个规矩的确很可笑"。

在20世纪40年代的美国社会中，妇女的地位非常卑微。大部分美国女性一旦结婚，便会安心扮演"贤妻良母"、"全职主妇"的角色。虽然二战让一切发生了改变，工厂的劳动妇女创造了美国社会中全新的女性形象，但随着战争的结束，男人们的归来，女人所能从事的工作仍受到明显的限制,流行的观念也仍然是把妇女限制在家庭主妇、幼师、护士等传统角色之中。直到1949年,波伏瓦《第二性》的出版才掀起了新女权主义的高潮,让美国社会对女性的成见开始发生根本性改变。

尽管年幼的杰奎琳已经在心里埋下了女权主义的种子,但她还并不能明白社会变革的意义。她照常过着自己的小日子,真正关心的只是"爸爸妈妈有足够的钱给我买好吃的"。杰奎琳的父母虽然只属于最普通的工薪阶层,但战后飞速发展的经济环境让他们的工作踏实稳定,一家人的生活最起码可以维持温饱水平。

由于学习成绩优秀,五年级的杰奎琳成为了一名"跳级生",直接进入中学读书。

小学时候的杰奎琳

第三节　懵懂的初中

1953年，在妈妈的极力主张下，杰奎琳进入了巴尔的摩最著名的加里森中学（Garrison Junior High School）。

这所成立于1924年的女子中学，被评为全美最优秀的中学之一。杰奎琳回忆起自己的中学时，骄傲地说，"无论家里遇到多大的困难，对我的教育永远是全家第一位的。"从小学、初中到高中，杰奎琳的教育都带着各种"常青藤联盟"的光环。

杰奎琳的父母并未接受过高等教育，父亲没有上过高中，母亲也因供弟弟们上学，高二便辍学了。和众多经历了特殊年代而痛失高考机会的中国父母一样，杰奎琳的父母将自己未实现的"大学梦"全都寄托在了杰奎琳的身上。"从上学开始，我的目标就特别明确，就是考大学。为什么要考大学呢，考大学为了什么呢，其实我爸妈也不知道。"

与憨厚寡言的父亲相比，杰奎琳的母亲是个利索豪爽的女子，家里的大小事务基本都由她一手操办，"慈父严母"是这个家庭最真实的写照。在对杰奎琳的教育上，他们也采取了截然相反的方式。"我爸从没跟我说过'不'字，'你真棒'就是他的口头禅。"相较于父亲慈祥的鼓励式教育，母亲对杰奎琳的管教则苛刻严格，是个典型的美国"虎妈"。在母亲的威严之下，"不做完作业绝不许出去"是最基本的家规，而"全A生"则一直是杰奎琳对自己的最低要求，因为只有这样自己的"虎妈"才会对她点点头，露出些许的微笑。"我一直觉得我妈当时从来没对我的成绩满意过，就算是第一名,她每次也只会说'这本来就是应该的'。"尽管杰奎琳为了获得母亲的赞美表扬而努力地学习,成绩优异,但她还是几乎从未被母亲肯定,这也成为了她幼年最大的遗憾。直到很多年以后母亲病重,杰奎琳才在医院的监护室里,第一次看到了母亲对自己竖起大拇指。

"直到那个时候我才明白,原来我一直是她的骄傲。"

在20世纪40、50年代的美国社会,像杰奎琳母亲一样的美国"虎妈"其实并不少见。二战后,美国已经成为"世界霸主"。为保持地位,美国政府开始重视教育,要求教育能为其在各方面输送人才,增强知识与技术的支持。于是,持续50年的美国教育大改革拉开帷幕。

美国早期教育基本上脱胎于英国的教育模式,以教会学校为主。这场大刀阔斧的改革,掀起了公立学校运动:公立小学取代了教区学校、慈善学校和贫儿学校;文实中学①曾一度取代拉丁文法中学②,后又被公立中学取代;州立大学开始大力发展……公立学校的普遍建立,私立学校的渐成气候,使得美国教育被教会和教派垄断的格局被打破,它得以摆脱欧洲教育的影子,建立起特色的教育体系。与此同时,一系列政策的出台,也有力地促进了教育的发展,更新了教育理念。1944《退役军人重新适应法》规定退役军人入学者的学费和生活费由联邦政府供给。1957年,苏联人造地球卫星试验成功,震惊美国朝野,随后通过的《国防教育法》更将教育与国防安全相提并论。规定"由联邦政府增拨大量教育经费,加强普通公立学校的数学、科学和外语教学,加强现代技术教育,资助

---

① 在美国教育史上一般被称为Academy,其重要特点之一是在课程安排上,文理科目和实际应用科目均设。
② 欧洲的一种中等学校,注重学习拉丁文、希腊文,培养学生准备升入高等学校。

高等学校的教学与科研,奖励科学研究,建立'国防奖学金'培养第一流的科技人才,以增强国防能力。"①

杰奎琳(右1)中学时参加文艺会演

教育改革推行之后,美国全社会"教育至上(the supremacy of education)"的主流价值观逐渐形成,加上"望女成凤"的父母的热切期盼,杰奎琳的中学生活和如今众多美国少年相比并不算轻松。不过爱好广泛的杰奎琳从不满足于两点一线的枯燥生活,橄榄球场、篮球馆、体操室随处可见她活跃的身影,八年级时她又成为了文学社的骨干成员。

文学社是由杰奎琳的英语老师创办的。"当时加入文学社就是

---

① 此段内容参考了吴文侃、杨汉清主编:《比较教育学(修订版)》,人民教育出版社,1999年第2版中第十章《美国教育》的论述。

因为我特别喜欢文学,而且他的课讲得特别有意思。"不过文学社对社员的要求非常严格,每天早上7点便开始活动,社员们聚集在一起一同讨论最近的重大新闻事件,分享对于刚刚读过的名著的心得体会。在薄薄晨雾中,杰奎琳知晓了国内外的新闻,养成了每天关注新闻的习惯,同时还认识了马克·吐温、杰克·伦敦、海明威……虽然争先恐后加入文学社的学生很多,但真正能坚持下来的少之又少。杰奎琳自豪地称自己是当时唯一一个整学期没有逃过晨读的学生。"我当时就是觉得我应该坚持,但没想到真的就坚持下来了。"一天之计在于晨,早晨的时光短暂而珍贵,它可以让人总结过去、计划未来、沉淀已有的收获、开始新的目标。后来每次遇到困难,杰奎琳都会想起这些苦读的清晨。"每次一想到当时那么小都能坚持下来,就觉得眼前的困难一定能熬过去。"

瘦小的杰奎琳在八年级时进入了成长高峰期,一年蹿了有将近十厘米。不仅杰奎琳在变化,整个学校也悄悄地发生了蜕变。八年级开学不久,杰奎琳班级中就迎来了一位新同学。

午休时间刚过,有些疲倦的杰奎琳趴在桌上正准备闭上眼眯一觉,班主任突然推开了教室的门。

"大家好,今天给大家介绍一个新同学,她叫格洛丽亚(Gloria)……"

老师的介绍让原本嘈杂的教室突然安静下来,杰奎琳抬起头,惊讶地张开了嘴——站在老师旁边的是一个皮肤黝黑的小姑娘,她梳着高高的马尾辫,一双大大的眼睛不安地环视着这个陌生的教室。

格洛丽亚是杰奎琳的第一个黑人同学,也是整个学校招收的第一个黑人学生。随后，不同肤色的新面孔开始不断出现在白人集中的中学校园中。"忽然之间，我们就开始有了非洲同学和黑皮肤、黄皮肤的新教授……"

八年级的杰奎琳陶醉在结交新朋友的兴奋中，她并不明白整个美国社会正在发生巨变。当时的美国社会一直严格执行着黑白隔离政策，秉持"隔离但平等"的原则。作为美国人数最多的少数民族，黑人长期受到种族歧视，处于社会最底层。二战后，随着亚非国家有色人种争取民族独立斗争的胜利以及工业化的进展，大批黑人流入城市，黑人的地位问题成为全国性问题，黑白种族的矛盾日益突出。

就在杰奎琳升入八年级的那年春天，一个特殊的案件震动了美国社会的神经。一名叫作琳达·布朗（Linda Brown）的黑人孩子控诉美国托布卡教育委员会，"关于公立学校所实行的种族隔离教育是违反《宪法》的"。八岁的琳达·布朗正读小学三年级，根据当时"不同种族分开教学"的体制，她每天不得不步行1.5公里绕过火车调车场去堪萨斯州托皮卡市的黑人小学上学，而无法在离她家仅有七条街之隔的白人儿童公立学校就近读书。经过几轮艰难的上诉，1954年5月，美国联邦最高法院判定教育委员会的种族隔离教育违法。从此之后，美国中小学正式废除了种族隔离制度。美国黑人民权运动的序幕被缓缓拉开。随即一年后，阿拉巴马州蒙哥马利市的黑人公民，发起了全面罢乘公交车运动，以反对公车上的黑白隔离措施，标志着黑人民权运动的开始。三年后，马丁·路德·金组建南方基督教领袖会议，随后在南方21个主要城市组织集会，发动黑人争取公民权利。

除了以非洲学生为主的黑人同学,杰奎琳身边也开始出现亚裔学生的身影。在当时的美国社会,亚裔居民并不多,亚洲留学生更是少之又少。1882年美国排华法案的发布,使得华人被美国主流社会排斥,在美国生存空间被极度压缩。不过随着华人以及当地美国社会对此法案的争论愈加强烈,20世纪中期后,华人开始重新活跃在美国社会。

"我当时发现很多国际生,尤其是亚洲学生特别害羞,很少说话,从来不主动发言,但他们都很聪明,学习好……我当时就特想同他们聊天。"不过,当时的杰奎琳绝对不会想到,这种即兴的"聊天"想法竟在日后变成现实,甚至成为她不断奋斗的一个目标。

第四节 迷茫的选择

七、八年级的初中生活转瞬即逝,进入九年级意味着杰奎琳高中生活的开始。就在进入高中的前夕,杰奎琳经历了第二次搬家。带着全部家当,一家三口从繁华的市区迁到了巴尔的摩的郊区。

当时的美国郊区正处于蓬勃发展的时期,这次大发展是从一片叫作"莱维特"的住宅开始的。1949年美国房荒潮泛滥初期,一个叫作威廉·莱维特的年轻人在长岛纳索县买了一块1500英亩的马铃薯地,开创了一种新的造屋模式。他全部预制构件,每家同一式样,以流水线的方式建造了一批住宅。莱维特住宅因造价低廉、经济实用,很快被各地效仿。一时间,许多以"莱维特"命名的小镇如雨后春笋般诞生了。伴随着莱维特镇的兴起,郊区里现代化的高速公路、乡村俱乐部等配套设施逐步完善。便利的交通、日益升级的乡村环境让大批的城市居民举家搬到新泽西南部、纽约北部、宾夕法尼亚州和佛罗里达州等地。

杰奎琳一家就是这其中的一员,她的新家正是位于这样一个正待快速发展的新区。虽然当地没有马里兰市区的名校,但凭着优异的成绩,杰奎琳进入了这里声名赫赫的森林公园高中(Frorest Park High School)。美国的高中生并不都将上大学作为毕业后的最终选择,所以高中的教学安排和中国完全不同。美国高中为四年制,实行与中国大学相似的选课制度。高一和高二学生需要修完相应学分,等到高三时,部分学生准备大学申请,高四时以找工作或者等待大学录取和准备毕业为主。杰奎琳的想法和目标一直简单而明确:上大学。森林公园高中是一所以高升学率而著称的名校,每年平均90%的毕业生都可以进入大学继续深造,专门培养像杰奎琳这样为上大学而努力的优秀学生。

高一高二时候的杰奎琳,和所有同龄的孩子一样经历着叛逆期。她和父母吵架,和老师顶嘴,谈恋爱,和死党偷偷去喝酒……做着青春期才会有的所有疯狂事。不过无论杰奎琳如何"不守规矩",她在成绩榜上总是遥遥领先。她从没有忘记自己上学的初衷,那就是要进入大学。

转眼进入了高三。这是对于杰奎琳和所有美国高中毕业生来说最繁忙的一年,他们需要对自己的未来有一个规划并一步一步付诸实现了。对于像杰奎琳一样计划进入大学的学生来说,他们必须自己和感兴趣的大学联系,然后向这所大学提交申请。

美国并无统一的全国高考制度,各大学凭借学生的高中学习成绩(GPA)和社会实践分数等综合情况对申请者进行选拔。美国分为公立和私立两种大学。公立大学由各个州政府出资建设，学费相对便宜，学生人数更多，文化背景更加多元；而私立大学，主要由校友和企业家赞助，学费相对较昂贵。不过两者在教育质量上并没有太大差异，公立大学大多为综合性大学，覆盖很多大的学科；而私立大学的规模往往相对小一些，专业设置相对集中，专业名目也相对细化。美国大学之间，无论是学术方向还是校园风格都差异很大，每个学生可同时选报多所大学。在报名之前，学生可在学校开放日参观学校，甚至旁听课程，和院系老师交流想法，在校园内享用午餐等。不过各大学的申请过程复杂繁琐，除了准备报考材料、提交各种文书、进行校园参观（campus visit）等，还要为五花八门的面试作准备。

大学申请成为了杰奎琳最头疼的事情。"我一直知道我一定要上大学，但问题是我不知道我要上什么大学，要学什么。"身边的大多数女孩子开始申请医学院或者师范类院校，对于女孩们来说，护士和老师在当时是最为热门的职业。

"宝贝，大学你想读什么呢？"正在厨房切菜的妈妈已经是第三遍向杰奎琳询问了。

"我，我不知道……"杰奎琳挠挠头。

"学护士吧，在医院工作多好。"

"啊……为什么？医院有什么好？"

"医生挣钱很多的！另外将来你可以嫁给一个医生，多好啊！"

"……"

"护士"一直是母亲对于杰奎琳的期待，"当护士，嫁医生"似乎是母亲为杰奎琳安排好的一条平坦大路。但是生性好强的杰奎琳却对此完全不感兴趣，护士和老师成为她第一个排除的选择。

后来，杰奎琳的一个朋友给她推荐了当地一所大学。这是一所著名的女子大学，以人文科学（liberal arts）而闻名全美。无论是杰奎琳还是她的父母其实对于"人文科学"并没有过多了解，但她母亲对该学校的名声早有耳闻，所以强烈建议她参加申请。材料准备齐全后，杰奎琳才突然意识到一个更严重的问题：她根本上不起这所学校。由于这是一所私立大学，单学费就是一般公立大学的两倍。这对于工薪阶层的杰奎琳的家庭来说，实在是个很大的负担。

杰奎琳取消了申请，再次陷入了迷茫。她开始不停地查资料，无意中搜索到了"社会工作"（social work）这一专业。怀着一种走投无路的无奈心态，她决定试一试。

就这样，在一个阳光明媚的午后，杰奎琳敲开了学校招生办辅导老师的办公室。

"您好，我是杰奎琳，是高三年级的学生，我不知道我想学什么专业，也不知道想去哪所大学，但我知道的是我爸妈没有钱让我上私立大学。我自己私下查资料发现社会工作这个专业还不错，所以想试试，请问我怎么能成为一个社会工作者呢？"

带着温和笑容的辅导老师，用手朝窗外马路对面的一座高楼指了指，"孩子，看到那个公司了吗？你去那里搜索'so（social work，社会工作）'的文档，你就知道你该去哪里了。"

将信将疑，杰奎琳惴惴不安地走进了这家职业介绍所。一排排书架被一个个牛皮纸袋塞得满满的，每列书架前都用贴着英文缩写的标签标明分类。厚重的牛皮纸袋中有着不同学校各种专业的详细介绍，可以帮助申请者做出最后报考哪所学校的决定。此时的杰奎琳并不知道，一个偶然的拆封动作竟决定了她整个人生的发展轨迹。

杰奎琳很快便找到了标有"so"的袋子，就在她拆开牛皮纸袋的时候，她无意中瞥见了后面标有"sp（social speech，社会言语）"的文件夹。"语言学家"，杰奎琳的脑海中突然闪过这样的念头。

带着好奇，杰奎琳放下手中"so"的牛皮纸袋，小心翼翼地打开了眼前"sp"的文件夹。第一个映入眼帘的便是"speech therapy（言语治疗）"。带着对专业更大的疑惑与不解，杰奎琳开始仔细地阅读专业介绍。她很快地读完了第一遍，又不放心地决定再读一遍。她反复地阅读着这只有300字的介绍，似乎以前练习的阅读速度都在此刻退步成了小学生的速度。每一次的阅读都让她越来越肯定这是她要选择并会为之倾注全部心血的专业。结束最后一次阅读后，杰奎琳便下定决心。"我要成为一名言语治疗师，我要学习演讲治疗和演讲理论。"于是她开始关注专业介绍下方的大学推荐，第一个就是马里兰大学（University of Maryland）。她把介绍小心翼翼地放回牛皮纸袋，然后坚定地在心中默念："我要去马里兰大学。"

随后，杰奎琳回到家，郑重地将自己的决定告诉了父母。

"我要去马里兰大学读言语治疗专业。"杰奎琳坚定地说道。

"那是一份在医院的工作吗？"妈妈听到"治疗"两个字不禁问道。

"是的"。她看着妈妈，犹豫了下，点点头。

"那就好。你可以以后嫁给一个富裕的医生了。"杰奎琳的妈妈很满意她的选择。

不过，对杰奎琳而言，选择"言语治疗"绝非因为想要在医院工作，或者嫁给一个医生，她有自己的原因。这缘于偶然，也因为现实。

此时的杰奎琳已经清楚地意识到了家庭经济的窘迫，所以"赚钱"成为了她的目标。尽管杰奎琳对于"言语治疗师"还并不了解，但看着电视里衣着光鲜的演讲家们，她认定这是个很赚钱的行业。"今后，我一定要有足够多的钱养活自己，补贴父母，绝不能成为别人的麻烦。"杰奎琳在心里暗暗发誓。

高四开始，杰奎琳一边申请马里兰大学，一边准备毕业的手续。身边的很多同学纷纷忙于寻找工作，有些更是先人一步，成功地从学生转变成上班族。他们充实又紧张地忙碌着，每个月已经可以挣到薪水并由自己支配，从此脱离了父母的经济支持，生活独立起来。看着他们，杰奎琳无比羡慕，甚至曾经动摇过自己上大学的信念。但经过一段时间后，杰奎琳终于想清楚，身边总有和自己做着不同决定的人，不能盲目地评论谁的决定正确，谁的决定错误。只能说大家都做着自己认为正确的、最适合自己发展的决定。没有人有相同的发展道路，哪怕是天天玩在一起的好伙伴也是如此。这个时候最重要的是不要受身边人的影响去改变自己曾经深思熟虑过的决定，而要坚持，尽管不同。

高四下学期，凭借着全A的成绩单、丰富的课外实践活动，以及优秀的个人素质，杰奎琳如愿地拿到马里兰大学的录取通知书。

就这样，怀着满满的期待，杰奎琳走进了马里兰大学，开始了崭新的大学生活。

第二章　潇洒的青春

"马里兰的花花草草，一山一木都洋溢着我最动人的青春风采。"

第一节　马里兰的浪漫

马里兰的9月，是全城最美的季节。红黄交错的枫树点缀着整个城市，映衬着秋日的蓝天。以红色砖木结构而闻名的马里兰大学，伴着片片红叶的摇曳也展现出其独特的古典气质。踏着厚厚的枫叶"地毯"，杰奎琳独自拖着拉杆箱，揣着妈妈烘烤的苹果派，走进了装潢宛如古典城堡的健康与康复学院。

创建于1856年的马里兰大学，是华盛顿地区内唯一一所大型综合公立高等院校，是全美最大的七个校园之一。由于临近精英荟萃的华盛顿，马里兰大学天然享有各种资源，以行政管理与公共关系学院、新闻专业而闻名。近十年内，这里就诞生了三位诺贝尔奖获得者，七位普利策奖获得者，四十位国家科学院成员和数十位富

马里兰大学建筑

尔布莱特学者。处于以绿色植被而闻名的马里兰州,马里兰大学的优美环境与独特建筑更是交相辉映。整个校园笼罩在一片乡野的氛围中,依山傍水,漫步在花海草丛中,杰奎琳心神荡漾。

注册日的第一件事,便是交学费和选课。20世纪60年代的美国社会,电脑技术刚处于萌芽状态,电脑注册、电子选课还只是天方夜谭。和其他学生一样,杰奎琳拿着自己填好的选课单,满头大汗地排在长长的队伍中。"600元(美金)",收费老师微笑地对杰奎琳说。杰奎琳小心翼翼地从兜里掏出来妈妈早就准备好的支票,这些钱都是她当律师的叔叔赞助的。这600美金意味着所有花销,不仅包括基本学费,也囊括了食宿等基本生活费用。而如今美国的大学学费及生活费已上涨了近10倍。

马里兰大学

  徘徊在梧桐树下的杰奎琳,紧张又兴奋。带着惴惴不安,怀着无比期待,杰奎琳在菁菁校园中翻开了新的一页。

  面对新的学校、新的环境、新的专业,杰奎琳下定决心用最短的时间来适应这一切。大学的学习同高中不尽相同,高中学的是全科,是专业学科的基础,而大学的专业学习更加准确、更加细化,对专业知识的要求也很高。而目前,杰奎琳还对言语治疗一无所知。

  开学几个星期后,杰奎琳准备坐下来静心思考自己的专业。言语治疗学科是一门综合科学,它包含语言学、心理学、听觉学、统计学、解剖学、病理学和生理学等等学科。言语治疗师可以治疗病人在言语上的一系列病痛,并为病人做出评估与咨询。他们会视病人病情的严重性来制定治疗方案,包括物理强化练习、指引及重复性练习、

马里兰大学校园风景

视觉和听觉练习。同时,言语治疗师还会指导病人家属如何辅助病人进行治疗,并希望他们会给予病人正确的心理鼓励与支持。

虽然言语治疗专业要学的东西很多,但是杰奎琳仍旧对这个学科充满了激情和兴趣,这是一门可以从病理方面和心理方面双重治疗的学科,她坚信通过这门学科的学习,她会学以致用,可以帮助更多病患远离病痛的折磨。

在第一学期快要结束的时候,杰奎琳认识了一个新朋友——哈维·里博格特(Harvey Liebergott)。谁也没想到,八年后,他们竟手挽手在教堂宣誓。

杰奎琳和哈维的相识,正应了中国的一句古话"不打不相识"。当时,哈维是杰奎琳的好友珍妮的男朋友。有一次,珍妮身体不适,杰奎琳陪其住院治疗后送她回家，正好撞见前来照顾珍妮的哈维。

看着一脸疲惫又毫无血色的珍妮，哈维的怒火开始向杰奎琳发作。

"她怎么这个样子，怎么回事？"

"你问我怎么回事，你自己怎么不管？"杰奎琳突然感到很委屈，没好脾气地回应。

"我刚下课就赶过来了。"

听到这句话，想起自己因为珍妮，一天的课都没去上，杰奎琳更加气愤。"你女朋友你自己不管，你给我滚出去！滚！"

"砰！"杰奎琳狠狠地关上了珍妮家的大门，哈维就这样被轰了出去。

很快，不知是不是因为这件事，珍妮和哈维分手了。

一年后，在一个开满樱花的浪漫季节，哈维和杰奎琳这对欢喜冤家竟走到了一起。他们谁也记不清楚具体的纪念日，甚至说不明白到底是什么时候，怎么就从"仇人"变成了"恋人"？就是这样一种莫名的缘分，让两个性格迥异的年轻人因争执而相识，却最终因了解而相爱。

正如他们戏剧性的相识一样，杰奎琳与哈维的恋爱充满了惊喜和浪漫。杰奎琳清楚地记得她与哈维一起度过的第一个情人节。

那是一个漫天飘雪的浪漫日子，杰奎琳像每一个热恋中的女孩子一样欣喜和充满期待。她早就已经买好香甜的巧克力，还特意用红色的细绸缎打了个小蝴蝶结。望着窗外纷飞的星星雪花，杰奎琳在蒙着水雾的玻璃窗上随意画着小桃心打发时间。

"叮零零……"

杰奎琳一跃跳下床，光着脚丫跑到桌边，迫不及待地拿起电话。

"喂……"是哈维熟悉的声音。

"我在你楼下，有东西给你，下来吧。"还未等杰奎琳反应过来，哈维就挂断了电话。

套上早已准备好的白色毛衣，飞快地戴好红色的围巾，杰奎琳一蹦一跳地跑下楼去。高大的哈维头上已落满了厚厚的雪花，远远地看像一个雪人。看到杰奎琳下来，哈维高兴地伸开手臂拥住她。

"嘿，看，这是我送给你的礼物。"说着他从兜里掏出一个信封。

"啊，话剧票？什么剧啊？"杰奎琳兴奋地打开信封，却只看到一张票孤独地躺在信封中，她突然开始失落和不安。"怎么只有一张？你不去看吗？"

哈维却笑了起来，"我一定去啊，这可是我的处女作啊！"

"啊？什么？你的剧？"杰奎琳仔细地看着手中的票，在导演和演员的位置上赫然印着"哈维"的大名，她手舞足蹈地尖叫起来。

"好了，我们赶紧去吃饭，话剧一会就要开始啦，我还得去化妆，准备一下。"

"好好好，等着看我们的大导演和大明星亮相啦！"杰奎琳挽着哈维快步地走着，在他们的身后，厚厚的雪地上留下了一串幸福的印迹。

哈维的处女秀非常成功，谢幕的时候，台下的观众都站起来鼓掌，哈维和所有主创人员都热泪盈眶。哈维向台下的杰奎琳竖起大拇指，杰奎琳跑到台上和哈维拥抱，并把自己准备的情人节礼物——那盒精心包装的巧克力送给哈维，祝他节日快乐，祝他演出成功。

此后,话剧成为了两人"情人节"的主题。戏剧文学专业的哈维每年这个时候,都会和朋友编排出一部新的年度作品。而杰奎琳也习惯并陶醉于在每个情人节的夜晚,和其他观众一起坐在昏暗的小剧场里,看着台上帅气的哈维卖力地演出。演出结束,杰奎琳和台下的观众一起尖叫欢呼、鼓掌祝福。

恋爱时期,哈维从来没有在情人节给杰奎琳买过什么名贵的礼物,甚至连一件衣服都没有。不过,杰奎琳并不因此生气。她觉得每年的情人节这样度过是意义非凡的。在她床头边的木盒子里,整齐地放着哈维大学期间所有的剧本和小说的手稿。杰奎琳一直都是哈维的剧本的第一读者,也是他话剧的最忠实的观众。

也许连杰奎琳自己也没有想到她与哈维能彼此相爱,并且这一爱,就是一生一世。"没有哈维就没有现在的我",这是67岁的杰奎琳提到自己丈夫时说得最多的一句话。

杰奎琳提到丈夫哈维时仍害羞地像个小姑娘

第二节 青春无悔

除了美好的爱情,宿舍的姐妹情也成为杰奎琳大学校园最美好的回忆。当时马里兰大学有着严格的"宵禁"时间,每晚11点,宿舍准时熄灯锁门,而常外出吃夜宵的杰奎琳和室友们往往会错过锁门时间,被关在宿舍楼外。

有一天,杰奎琳无意间发现了一个秘密。

那又是一个宿舍姐妹共享快乐宵夜而无法入校的夜晚,她们正焦急地在外徘徊不知如何是好,机灵的杰奎琳突然小声召唤姐妹:

"喂喂,你们快过来,过来看……"

马里兰大学 塞缪尔·J.勒弗拉克大楼

几个姐妹相继凑过脑袋。

"啊,这是一个门哎!"

"一道暗门,后门呀!"

疲惫的女孩们瞬间兴奋了,她们穿过厚厚的草坪,一蹦一跳地朝着已经熄了灯的昏暗的宿舍走去。

"嘘,我来试试……"杰奎琳走在最前面,深吸一口气,一把握住了布满着厚厚灰尘的铜把手。

后面的几个姑娘也相继停住了,红扑扑的小脸掩饰不住兴奋。

"吱……"伴着一道刺耳的声音,门居然打开了。

"哇,没有锁,没有锁!"

"嘘,小点声,小点声,慢点慢点!"

杰奎琳紧张又兴奋,屏住呼吸,小心翼翼地将门拉开了一条缝。四个姑娘斜侧着身子,悄悄挪进了宿舍楼。清冷的月光洒在地上,照亮了她们调皮的笑容。郁郁葱葱的青草映衬着她们的调皮身影,也忠实地记录下青春的疯狂。

自此,"暗道"成为了四个姐妹共同的秘密,每晚"潜行入室"也成了她们大学时代最惊心动魄的冒险时刻。这段难忘的冒险经历见证了她们维系一生的深厚友谊,也为她们率真顽皮的青春岁月打下了深深的烙印。

杰奎琳经历疯狂青春的年代,正值美国社会思想最激荡的时期。众多颠覆传统美国社会观念的著作都是20世纪60年代初的遗产。1960年,《美国小说的爱与死》(*Love and Death in the American Novel*)的出版,令"后现代"一词进入公众视野;1962年,生物学家蕾切尔·卡森(Rachel Carson)的《寂静的春天》(*Silent*

Spring），成为世界公认的当代环保启蒙"第一书"；1963年，家庭主妇贝蒂·弗里丹（Betty Friedan）写成的《女性的奥秘》（*The Feminine Mystique*）三年内卖掉300万册，掀起女性解放运动的序幕……除此之外，心理学完形治疗法理论的建立引发"人的潜力运动"（human potential movement）；《休伦港宣言》（*Port Huron Statement*）引领美国新左派郑重登场。一系列反体制、反主流价值观的青年反叛文化、妇女解放、社会公益、消费者保护等运动都在60年代头五年茁壮成长。

塞缪尔大楼听力与言语诊所

而在马里兰大学中，"公民权益"、"女性主义"和"反战运动"是校园中最受关注的三个话题。杰奎琳也成了这些社会运动的主力军。她和同学们一起，在街头作演讲，熬夜设计宣传海报，动员学生参加示威游行。其中，女性主义的运动给杰奎琳带来了深远的影响。

妇女运动在美国是一场没有枪炮、没有鲜血的"革命"。直到19世纪,"男女平等"的意识才开始进入大众视野,集中体现在妇女获得选举权的运动上,以伊丽莎白·凯迪·斯坦顿(Elizabeth Cady Stanton)为代表的全国妇女选举权协会(National Woman Suffrage Association)多次要求联邦国会允许妇女参与政治投票,却屡次遭遇拒绝。最终在20世纪上半叶,妇女作为一个整体获得投票权,于第十九次修正案时(1920年,The Nineteenth Amendment)通过。但是,离妇女真正参政还有时日。

与此同时,社会工业化的急剧发展,迫使女性加入劳工队伍。在第二次世界大战后的数十年间,西方服务行业中出现了妇女同男人一样能够胜任的工作类型,工厂中妇女的比例在增加,一些妇女也渐渐开始在专业领域中工作。然而仍有许多因素使得越来越多的美国妇女认识到,社会对她们的传统看法并不像妇女的真实生活、工作状态改变得那样快。

身为一名女性,杰奎琳深切地感受到了美国社会对女性的歧视,因而她成为了妇女运动的坚决支持者。在一次"女性权利"的示威游行中,冲在队伍最前方的杰奎琳被捕了。腊月寒冬,杰奎琳和志同道合的朋友们,生平第一次见到了那么多的防暴警察。一排排黑衣人马,手拿水管枪,挡在了示威人群的前面。

"冲过去!冲……"不知谁喊了一句,使本来已骚乱的人群失去了控制。

领队的杰奎琳被人流冲散,情绪激动的她和狂热的学生们一起向排排人墙撞去。广场的警察越来越多,很快游行的队伍就被控制。而杰奎琳也不幸地被警察带走了。

　　后来，在校方担保下，杰奎琳一天后被保释，而这个难忘的经历也对杰奎琳日后的生活工作产生了最重要的影响。在任职埃莫森学院（Emerson College）后，杰奎琳创立了埃莫森学院第一个女性研究课程，并且亲自从事教授，后来又在波士顿组建了最早的"关爱工作中的女性（Daycare for Working Women）"团体。杰奎琳强调"关爱自身，关爱生活"，她认为女人要在工作和生活中提高自我和塑造自己。作为一名女教授，一个女校长，她一直致力于"女性运动"的工作，以自身来影响和帮助周边的女性同事和朋友。她也以此来要求和教育自己的女儿们，鼓励她们在工作中寻求自我和突破自我。她的两个女儿在妈妈的鼓励下，双双获得了博士学位，并在自己喜爱的行业中成为佼佼者。

第三节　桥牌风波

　　与世界众多名校相比，美国院校的传媒业务一直处于领先水平。尽管享有让其他传媒学子羡慕的教学资源，刚离开家享受"自由"生活的杰奎琳却并未完全专注在学习上。她热衷社会活动，成为了学生会的骨干，时常翘课参与各种学生运动。而大二时兴起的桥牌，更让杰奎琳着迷到废寝忘食。时至今日，提到桥牌时杰奎琳依然沾沾自喜。不过，因为桥牌，杰奎琳差点被迫退学。

　　由于太过沉迷于桥牌比赛，杰奎琳的学习一路亮起了红灯。大三开学一周后，杰奎琳像往常一样来到系主任理查德·亨德里克斯（Richard Hendrix）的办公室进行选课登记。

"言语治疗师难道能有这样的成绩吗?"理查德·亨德里克斯边写东西边说道。

"啊?……"杰奎琳一头雾水。

"我们估计没有言语治疗师的位置了。"

"……"杰奎琳突然哑口无言,满脸发热地愣在那里。

"我们没有给你预留的位置了,如果你不提高你的平均分,我想你得换专业了。因为你根本不需要我们制定的这些标准。"

后脊梁一阵发冷,杰奎琳无所适从。看着眼前一脸严肃的系主任,杰奎琳顿时呆若木鸡,突然感觉曾经以为一步之遥的目标离自己越来越远了。

"我最后给你一个学期的时间,如果到了学期末,你的学分仍然没有提高,那就请你自动离开。"

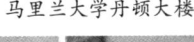

马里兰大学丹顿大楼

未缓过神来的杰奎琳跟跟跄跄地走出了理查德·亨德里克斯的办公室。"必须得好好学习了,否则自己曾经梦想的一切都没有了。"她一遍遍对自己说。

此后的大三生活变得异常忙碌。曾经的跳级生,开始为"保级"而奋斗。推掉了一切社会活动,杰奎琳成为了早到晚退的好学生,专心听课,认真记笔记。以前她经常跑出去和姐妹们玩耍,如今一下课就泡图书馆。曾经天天不离手的桥牌运动,也逐渐成为她偶尔为之的一种放松活动。"我其实也没有什么非常好的方法,只是比以前用心了……我就告诉自己绝不能退学,我要成为言语治疗师。"

大三学期一晃而过,学期末她又走进了系主任的办公室,等待属于她的"最终判决"。

阳光从理查德·亨德里克斯的头顶泻下,看不清阴影中的表情。看到杰奎琳进来,她交给杰奎琳一份试卷。这是杰奎琳的必修课"言语治疗导论(Intro Speech Therapy)"的期末试卷,这门课的任课老师正是理查德·亨德里克斯。

"还从来没有人能在我的课上拿到满分,看来你是个例外了。"一向严肃的 理查德·亨德里克斯露出了亲切的笑容。

看着鲜红的100分和自己工整的字体,杰奎琳知道自己成功了,不用再担心会被退学了。

"祝贺你,未来的言语治疗师!最后一年好好努力,准备毕业吧!"

大四的一年,波澜不惊。按部就班地看书,写论文,谈恋爱,会朋友。似乎一切都井井有条,按照杰奎琳所预想的在向前发展。

马里兰大学忠实地收藏着杰奎琳宝贵美好的青春记忆。"马里兰的花花草草,一草一木都洋溢着我最动人的青春风采。"即使毕业几十年后,杰奎琳也会时常抽时间回到马里兰大学。她总是喜欢买一杯咖啡，和当年一样坐在楼梯上、草丛里，感受午后阳光的温暖，追忆青春也是一种奢侈的享受。

不过对于当时的杰奎琳来说，大四时光实在不能算是个享受，毕业工作是杰奎琳一直的计划，但后来发生的一切正印证了那句话"计划赶不上变化"。

第三章　硕博期间

"读硕士、读博士只为心中那个完美的梦想。"

第一节　意外的决定

　　美好充实的大学生活转瞬即逝，临近毕业，杰奎琳面临着一个很严峻的就业现实。她原本以为毕业后会按计划成为一名言语治疗师，她会在医院工作，然后嫁给帅气、富有、才气纵横、人品敦厚的医生，正如当初她说服母亲接受她的专业时所描绘的那样。可是，当她投递简历时，才发现言语治疗师的就业市场行情已经改变，想要成为言语治疗师必须在上岗前考取职业资格证，而报名参与职业资格证考试必须具备硕士研究生及以上学历。

　　就业的困难和现实的残酷，让杰奎琳不得不重新认真地考虑自己接下来的去向。倘若不读硕士研究生，她就不能考职业资格证，如果没有资格证，她也就不能成为一名言语治疗师。杰奎琳已

马里兰大学校园建筑

经意识到,这也许是她人生的一个巨大转折点。如果她此刻选择放弃,就很有可能被迫改行做些其他的事情,而离自己的目标和兴趣越来越远。也许她这一生都无法再接触自己熟悉的领域,从事自己热爱的事业。于是,杰奎琳咬紧嘴唇,心中默念:"我一定要攻读硕士研究生学位。"言出必行,她开始做攻读硕士研究生的准备。

学费是杰奎琳最头疼的问题,也是一直以来让她犹豫不决的主要因素。基于现实的家庭经济情况,父母恐怕无法拿出一笔钱让她完成硕士研究生学业。可她不想再跟叔叔伸手要钱,她已经羞于在没钱的时候打电话给叔叔。多年来叔叔已经为她支付了很多学费和生活费了,更何况叔叔也要负担自己儿子的大学学费,她不能再让叔叔本不富裕的生活雪上加霜了。杰奎琳想,到了她必须要为自己的兴趣和未来负责的时候了。

于是，她开始分析和收集可以提供言语治疗硕士学位的大学资料。一方面考虑教学情况和学校声誉，另一方面不可避免地要去考虑奖学金的问题。她的母校马里兰大学的硕士研究生学位是不能提供奖学金的，因此她决定选择其他可以提供奖学金的大学继续深造，以保证她的言语治疗师的职业理想能够成真。

一时间，所有的问题和困难接踵而来，杰奎琳找不到方向，找不到前进的动力。这时候，天空突然间昏暗起来，夜幕降临，狂风大作，一场暴风雨马上就要来临。她撑着一把单薄的伞，艰难地向前迈步。她拼命地抓着伞，却还是抵挡不住狂风的肆虐和大雨的摧残，全身很快就被淋湿了。突然之间，就在朦胧的前方，她隐约地发现了一个可以躲雨的地方——一个亮着暖黄色灯光的电话亭。

她灵光一闪，为什么不打电话给班主任多萝西（Dorothy Craven）老师，听听她的建议呢，也许她会有一些好的推荐。

多萝西老师是杰奎琳在马里兰大学的班主任，也是她人生中的良师益友。正是有赖于多萝西老师的时刻叮嘱，杰奎琳才能顺利地走出大学时期的低谷。如今，杰奎琳对专业知识已经融会贯通，并且掌握了一套学习的方法，她知道如何获取知识、掌握知识并应用知识。她再也没有在专业学习上遇到任何麻烦，一路过关斩将。如果没有多萝西老师，杰奎琳可能很难取得像现在一样优异的成绩。

杰奎琳一边拨着熟悉的号码，一边组织着自己的语言逻辑。她知道，当多萝西老师听到她要攻读研究生的消息时，一定会特别激动，为她高兴。

电话很快就接通了。

"您好，亲爱的多萝西老师，我前几天一直在找工作，但是直到现在都没有任何头绪，而且我目前无法取得从业资格证，所以就当不了言语治疗师啊。美国言语与听力协会要求言语治疗师要有言语治疗领域的硕士及以上学历才能取得从业资格证。我想如果坚持这条路，我必须攻读硕士研究生学位，才能以后从事言语治疗。"

"这太棒了，本来我也想建议你攻读硕士研究生学位呢。因为你的学术根底很扎实，在言语治疗方面也很有悟性和潜力，以后一定能在言语治疗领域有一番学术作为。"

"多谢您的鼓励，总是那么相信我！"杰奎琳有点不好意思地回答。"您能否推荐几所适合我的大学呢？"

"有很多大学你可以选择，例如……"多萝西老师果然兴奋地侃侃而谈。

杰奎琳打断了多萝西老师，冷静地说："您知道我的经济状况……不允许我有太多的选择。"

"抱歉，我忘记了你的家庭经济情况，让我想一下。那么，我推荐给你两所比较好的大学，关键是他们都可以提供奖学金给你：一所是宾夕法尼亚大学，它是美国一所著名的私立研究型大学，是八所常青藤盟校之一。它创建于1740年，是美国第四古老的高等教育机构，并且是美国第一所现代意义上的大学，它的综合排名很好，是一所综合类的大学；另一所是爱荷华大学，美国的言语治疗研究是从这所大学起源的，而且这所大学也是我的母校，在那里有优秀的老师，以及这个专业的优秀资源。这两所大学都是一流的大学，以你的学习能力和出色的成绩一定能被学校录取的，这一点我是万分坚信的。"多萝西老师娓娓道来，"另外我可以给你写一封推荐信。"

"谢谢您,您的建议我一定会认真考虑的!那就不再打扰您了。"

"好的,你好好考虑,如果有任何我可以帮助的地方,可以随时来找我。再见!"

"再见!"

杰奎琳挂断电话后,心中很高兴,因为她得到了自己最尊敬和爱戴的多萝西老师的鼓励。但是对于多萝西老师的建议,杰奎琳有自己的想法和考虑。她最终并没有按照多萝西老师的建议申请这两所学校,而是决定要去匹兹堡大学(University of Pittsburgh)攻读言语治疗专业的硕士学位。

这个看似有点突然的决定源自于一次意外的发现。

杰奎琳在学校课堂上学习了言语和听力学科的基本知识,在课后又深入阅读了很多言语病理学科的相关文献与书籍。渐渐地,她感到自己对于口吃疾病领域有着极大的兴趣。在阅读专业期刊的时候,她惊喜地发现匹兹堡大学的乔治·西姆斯(George Sims)教授发表了最新、最前沿的关于口吃的研究报告。这成为杰奎琳最终决定前往匹兹堡大学攻读硕士研究生学位的最大原因。因为去匹兹堡大学读书就有机会师从乔治·西姆斯教授,这样她就能够更加接近自己的学术研究兴趣点,能够接触到最新最权威的研究成果,能够参与高层次的学术研究与学术交流。

医学是匹兹堡大学久负盛名的学科领域,它的医学院以及匹兹堡大学所附属的医疗中心处于全美顶尖水平。杰奎琳想申报的是匹兹堡大学医学院下属的言语病理学系。

在深思熟虑了几天后，杰奎琳鼓起勇气再次打电话给多萝西老师，想告诉她自己的最后决定。

"您好，亲爱的多萝西老师，我最终决定去攻读硕士研究生学位了。"

"这太好了，亲爱的杰奎琳，你会离你的目标越来越近的！"

"谢谢多萝西老师，而我的理想学校是匹兹堡大学，"杰奎琳顿了顿，接着说，"因为在匹兹堡大学，口吃方面的研究很先进，有乔治·西姆斯教授在那里任教。所以我想去匹兹堡大学。"

"好啊，这样很好啊，你有自己偏好的方向，有自己的想法，我支持你！而且匹兹堡大学也是一所优秀的大学，你在那一定会受到更好的学术熏陶和学术培养。我可以给你写一封推荐信，保证你能顺利进入匹兹堡大学，达成心愿。怎么样？"多萝西老师耐心地说着。

"太棒了！感谢老师为我考虑这么周全。希望自己未来真的学有所成才好！这样就不会辜负老师对我一直以来的期望了！那我就抓紧去申请了。"

"好的！快去吧！"

放下电话后，杰奎琳兴奋地去准备所有的申请材料。准备申请对于美国学生来说是很轻松的事情，因为他们从高中申报大学开始，就已经注意收集所有有利于他们申请升学的资料，而且他们也很擅长在很多方面表现出出色的能力，例如社会活动的能力。这一点恰恰是中国学生所缺少的。中国学生一到申请留学的时候，就开始手忙脚乱，他们不知道该给对方大学看些什么，不知道什么可以帮助他们申请到心仪的专业，什么可以有利于他们得到全额或部分奖学金。最后，大多数人把希望和金钱寄托给了留学中介。

很快，杰奎琳把所有的申请材料和多萝西老师的推荐信邮寄给了匹兹堡大学的研究生学院。

意料之中，几个月后杰奎琳顺利地拿到匹兹堡大学言语病理学专业的录取通知书。

第二节　初见匹兹堡

美丽的七月，杰奎琳和她的男朋友哈维·里博格特同时毕业，她顺利拿到马里兰大学的言语治疗专业学士学位，哈维拿到戏剧文学专业学士学位。哈维同时拿到了马里兰大学英语文学硕士研究生的录取通知书。

此时正值毕业季，两个人正在商量毕业旅行，这也将是他们的第一次旅行。杰奎琳提议去宾夕法尼亚州的匹兹堡，这样就可以去看看她即将前往求学的匹兹堡大学了。

在这之前，杰奎琳从未离开过马里兰州，更别提去匹兹堡了。这一次是她第一次离家远行。体贴的哈维看到杰奎琳如此兴奋地描述着匹兹堡之行，于是决定陪着杰奎琳在九月开学之前去匹兹堡大学看一看，了解一下那里的新环境。他也可以借此机会熟悉一下匹兹堡大学，好放心让杰奎琳在匹兹堡学习生活。

于是，他们开始翻看地图，计划行程，准备行囊，筹划着他们的第一次旅行。而这次旅行又是如此充实与认真，在玩乐享受放松之余还要关注自己未来的学习和学校情况。当一切准备妥当后，他们开车前往宾夕法尼亚州匹兹堡市一探究竟。

在路上，两人欢声笑语，享受着途中的惬意与轻松。杰奎琳就像一只小鸟一样，叽叽喳喳地与哈维回忆着本科期间的趣事和毕业典礼上的离别。但她说得最多的内容还是自己未来的学习和生活。

"哈维，我就要去匹兹堡大学读书了，那里的一切对我来说都是新的：全新的环境，没有家人，没有你，甚至没有过去的朋友。"

"杰奎琳，不要担心，你会很快融入新环境的，并在那里找到新的朋友。而我也会经常来看你的。"

"我不知道自己的决定是否正确……"杰奎琳犹豫地说道。

"不要犹豫，跟着自己的心走就好了。坚定自己的信心，朝着自己的目标努力吧。"

哈维的一席话使杰奎琳安心下来。杰奎琳是个调皮、乐观的女孩，她很快就从担忧中走出来，开始畅想自己未来的研究生生活。她和哈维一起讨论着各自的目标与发展。虽然他们学了不同的专业，但是都有着共同远大的目标；虽然两年的研究生生活会让彼此分隔两地，但是他们却坚信着共同的未来；虽然未来无法预知，但是正因如此才让人倍感期待。

经过五个小时的车程，他们来到了位于宾夕法尼亚州的匹兹堡市市区东部的奥克兰（Oakland）地区。

匹兹堡是世界钢铁之都，是一个工业城市。城市里到处弥漫着工业废气，空气已经被严重污染，让人无法呼吸；天空也失去原本湛蓝的颜色，灰蒙蒙的，像罩了一层很厚的雾一样，阳光更是消失了踪影。不仅自然环境不尽如人意，这座城市的发展规划也是一团糟，到处是破旧的、废弃的工厂。道路上经常能看见运载煤的卡车，黑色的煤渣从颠簸的车上掉下来，后面的汽车从煤渣上碾过，马路上尽是黑色的轮胎痕迹。

呼吸着浑浊的空气，目睹着眼前的景象，杰奎琳感到很不适，她用手掩住了口鼻，不知不觉中，心情也变得压抑起来。

匹兹堡这座城市给杰奎琳留下了糟糕的第一印象，她开始隐隐地担心，自己去匹兹堡大学攻读硕士学位的决定是否正确？怀着忐忑不安的心情，她和哈维驱车前往匹兹堡大学。

匹兹堡大学校园位于匹兹堡市区，因此他们很快到达校园。进入校园的那一刻，杰奎琳彻底被眼前的景象震惊了。

这里拥有一座1937年落成的163米高的哥特式建筑"知识殿堂"（Cathedral of Learning）大楼，42层楼高，它是西半球第一、世界第二高的大学建筑。"知识殿堂"内有层高16米的大厅（common room）和27个教室。这27个教室分别被装饰成了27个不同的国家建筑风格，其中也包括中国建筑风格的教室。言语治疗学系在匹兹堡大学的医学中心（University of Pittsburgh Medical Center）下，系办公室位于知识殿堂大楼的第11层。知识殿堂成为匹兹堡大学的中心地标，同时也是著名的观光景点。在1925年建造这栋大楼时，有一个叫作："帮匹大买一块砖"（Buy a brick for pitt）的捐助计划，每一个捐助者捐献十分钱（one dime）并附上一封信，说明他们如何赚到的这十分钱。最特别的是，这栋大楼以直立的平行线条设计为主体，由下向上望，可以看到许多直立的线条耸入天空，这种设计效果的蕴意是为告诉每位来此求学的学生——学无止境。

杰奎琳拉着哈维站在知识殿堂大楼的门口往上望，看到无数直立的线条插入无际的天空中，顿时理解了"学无止境"的意义，感到十分震撼。

整个校园的教学楼和办公楼是一派哥特式、希腊卫城式、文艺复兴式等风格的古典建筑。

杰奎琳和哈维继续向前走,看到另外一个有名的地标建筑:亨氏纪念教堂(Heinz Memorial Chapel)。它是由世界著名的食品公司亨氏(Heinz)的创办人H·J亨氏(Henry J. Heinz)为了纪念母亲安娜·玛格丽特·亨氏(Anna Margeretta Heinz)出资建造的。教堂属于哥特式风格,内部的马赛克彩绘玻璃窗及管风琴是教堂的主要特色。杰奎琳和哈维来到学校的当日正是周末,一对新人正在这里举行结婚典礼。据了解,不是每个人都有资格在这个教堂举办结婚典礼的,新人必须为匹兹堡大学的校友或者曾经在这里选修过课程的人,在此基础上还得提前一年提出申请,才能在上帝和匹兹堡大学的共同见证下结为夫妇。

杰奎琳为此羡慕不已,心中开始幻想她和哈维的婚礼如果能在这里举办该多好。

然而,"知识殿堂"的震撼和亨氏纪念教堂带来的憧憬并没能让杰奎琳喜欢上这所学校。匹兹堡大学属于传统古老开放式校园,没有任何围墙。校园一半是平地,一半是坡地。整个校园没有太强的整体性和规则性。主要建筑物坐落在南边的平地上,医学大楼群以及体育馆主要坐落在北边的山坡上。这和杰奎琳熟悉并热爱的马里兰大学完全不同。在马里兰大学,到处都是壮观、雄伟的教学楼、图书馆,校园被绿色覆盖着,同学们可以坐在草地上休息、读书、聊天、玩游戏。每一个院系都有自己独立的教学楼和办公楼。在那里,空气中弥漫着轻松的学习氛围,一切都是那样美好和令人怀念。

想到这里,杰奎琳原本就压抑的情绪更加强烈了。她和哈维来到位于知识殿堂大楼11层的言语治疗学系,见到了系里的一位男老师。

此时杰奎琳已经按捺不住自己的怨气。她抱怨道:"为什么匹兹堡大学没有草地,也没有大学的整体性,甚至没有可以呼吸的新鲜空气!"

她俨然已经后悔当时自己的决定——放弃原来舒适的环境,千里迢迢来到人生地不熟的匹兹堡。

可这位男老师却很镇定地劝说她道:"既然你选择了这所大学,而且现在已经被录取了,并且我们会提供给你奖学金,你就应该坚持地念下去。"男老师自信地看了看杰奎琳,继续说,"我们大学还从来都没碰见过被录取了而不来的学生呢。"

走出匹兹堡大学,杰奎琳完全没有去别的地方游玩的兴致。哈维看出了杰奎琳的心思,他安慰道:"大学的环境不能决定这个大学的学术能力,你要记住当时自己选择匹兹堡大学的原因。是因为你的兴趣和它的学术能力让你选择了这里,来到了这里。"

就这样一句话突然让杰奎琳醒悟,她只注意到学校的表面,它的建筑、它的硬件条件,却忘记了最重要的东西——读研的初衷。

想通之后,杰奎琳和哈维又继续他们的毕业之旅。

夜晚,他们登上华盛顿山眺望全城夜景。由于匹兹堡坐落在阿勒格尼河、莫加西河和俄亥俄河的交汇处,三大河流流经该市,为匹兹堡带来了充足的水量和内河运输通道。每到夜晚,河面上就会倒映出一个灯火辉煌的匹兹堡市。杰奎琳不禁张开双臂,任爽朗的微风吹拂她的头发和脸颊，顿时所有的烦恼和不快都已经烟消云散。她好想赶快去拥抱自己新的人生。

最后，杰奎琳坚定地选择了留在匹兹堡大学攻读硕士学位，而哈维则回到马里兰大学攻读英国文学硕士，他们就此开始了两年的异地恋。

第三节　硕士生活

硕士生活在九月份正式开始，杰奎琳离开马里兰州，离开家人、离开老师、离开朋友、离开哈维，赶赴匹兹堡大学。

对于一名言语治疗专业的硕士研究生来说，她必须要同时完成学习研究和实习环节才能拿到学位。这一点与杰奎琳在本科时期的学习大有不同。硕士研究生的学习，更多的是应用已经学到的知识，而不是学习新的理论知识。同时，要在学术研究中学会如何进行研究和应用何种研究方法。总的来说，所有的内容都将从基础层面提升到研究、应用层面。

硕士研究生的专业也与本科的略有不同，前者更加细化，专业内容也分不同方向，因此对新方向的熟悉与了解还需要一个渐进的过程。拿杰奎琳的专业来说，言语治疗学是融语言学、医学、康复学、心理学、教育学等为一体的综合性学科，而言语病理学则主要是关于言语缺陷和诊治的学科。

不过，杰奎琳凭借扎实、深厚的学术功底很快融入了新环境，并适应了新的学习方式。她开始渐渐认同自己当时的果断决定，认为选择了一条很适合自己的路。杰奎琳在匹兹堡大学可谓如鱼得水,研一期间,她已经成为言语治疗系的助理研究员了。

但她也有自己的难处。硕士的奖学金很有限,只够帮助她付清学费,根本无法支撑日常生活开销,再加上她没有了叔叔的经济支持,生活变得艰难起来。杰奎琳又开始因为钱的问题愁眉不展。她不想伸手向父母要钱,不想给他们本已拮据的生活带来更多的压力和负担。她不想自私地为实现自己的梦想,而增加其他人的痛苦。在她看来自力更生是一个必须肩负起来的责任。

在学习之余,她开始积极寻找兼职的机会,希望能靠自己的知识和能力让生活宽裕些。很快,她得到了一个去老兵医院工作的机会。虽然这不是她一直想要工作的儿童医院,但在她看来这是一个很棒的机会,这份工作不仅可以在生活上为她提供足够的生活费,让她免于遭受缺吃短穿的经济窘境,而且还提供给她很多难得的实践机会,让她更多地接触到了患有言语障碍的老人,这对于一个立志成为言语治疗师的人来说是至关重要的。

这些上了年纪的老兵病人除了常见的吞咽困难、语言障碍外,通常还患有中风、老年痴呆症、帕金森氏病、多发性硬化症等严重疾病。作为一名言语治疗师,虽然不能完全地治愈病人,但是可以使他们的情况得到好转和缓解。杰奎琳对症下药,对不同的病人采取不同的治疗方法,提供给病人适合自己的物理治疗和心理辅导。她将自己所学的知识不断地应用在真实的病例中,并在实践中强化自己的理论知识。

但这个过程并非一帆风顺,同几乎所有的医疗工作者一样,在很多时候,杰奎琳都深深地感受到自身的脆弱。

她曾经接手过一个病人,这个病人遭遇了一次十分严重的意外伤害。有一天,他像往常一样将车开入停车场的升降电梯中,不料电梯在上升的过程中突然掉了下来。这场事故后,他被送到医院抢救。虽然生命已无危险,但他的脑部受到了严重的创伤,从而丧失了说话的能力。在医生确认无生命危险后,他被送到了杰奎琳所在的康复医院,并由杰奎琳负责他的治疗。杰奎琳发自内心地为这个年轻的生命感到惋惜,立下誓言一定要竭尽全力去医治他。在对这个病人进行康复治疗的过程中,学科专业的种种限制使杰奎琳无法帮助病人完全地摆脱病痛的折磨,她只能眼睁睁地看着病患痛苦,却常常束手无策。

尽管在此之前杰奎琳就已经知道,一个言语治疗师有着自身的局限性,她只能让病人的情况好转,让他从不能说话到缓慢地说出个别字词,却不能使他完全康复。但当现实赤裸裸地摆在面前的时候,杰奎琳还是不可避免地感到痛苦。她白天在医院目睹着所有的伤痛与无奈,晚上更是经常因此而失眠。闭上眼睛的时候,她总会想起病人痛苦的表情和缓慢而吃力的动作,以及努力说话的挣扎。遗憾和惋惜不断地摧残着杰奎琳的内心,她承受着巨大的心理压力。

但杰奎琳始终是坚强的,失眠和焦虑并没有减缓她前进的脚步,在认识到这个职业的桎梏和自身专业知识能力的不足之后,她反而越来越坚定自己的职业方向。她希望终有一日能利用所学不断突破言语治疗的局限,去帮助更多的患有言语障碍的病人,使他们最大限度地恢复,让他们有能力重新说话。

如果说这份实习工作是杰奎琳职业规划方面的一件大事,那么另一件事,则几乎影响了杰奎琳的整个生活计划和生活态度。

这件事与一个人密切相关，这个人是杰奎琳研究生生涯永远无法绕开的人物——匹兹堡大学的言语治疗教授奥德莉·荷兰（Dr. Audrey Holland）。奥德莉博士是杰奎琳硕士研究生期间的导师，更是影响并决定杰奎琳一生命运的又一个重要的女人。

那是一个阳光灿烂的下午，匹兹堡难得的好天气。杰奎琳兴致勃勃地来到了奥德莉老师家里，想请教几个自己一直百思不得其解的问题。

敲开房门，是荷兰先生开的门，他是奥德莉的丈夫，外表英俊潇洒，伟岸高大。荷兰先生是匹兹堡大学的心理学教授，这是杰奎琳第一次见到他，她尊敬地问候他下午好。杰奎琳进入客厅，眼前的景象永远地留在了她的脑海中：奥德莉教授坐在窗前的桌边，左手不停地翻动着摊在面前的几本书，右手同时快速地做着记录。一束温暖的阳光照在她的身上，金黄色的头发更加闪亮耀眼。从背后看过去，是一个多么美丽的轮廓啊。两个孩子在她身边嬉耍着，互相追逐，快乐无邪。写字和翻书的刷刷声和孩子的咯咯笑声汇集成动听的音符荡漾着杰奎琳的心。当美景和动听的声音同时触动着视觉和听觉的时候，杰奎琳终于知道一个人是无法抵御幸福的力量的。

此时一个想法迅速地闪过杰奎琳的脑海：这不正是我一直追求的生活吗？奥德莉教授拥有幸福的婚姻，美满的家庭和成功的事业，对于一个女人来说，好像这一切只能用一个词来形容，那就是"完美"。为什么我就不能同样拥有这样的生活呢？

杰奎琳至今还对当时的完美情景记忆犹新

　　杰奎琳一边出神地幻想着,一边安静地坐在沙发上等待奥德莉教授忙完手上的工作。耳边传来奥德莉教授温柔的声音,把杰奎琳拉回了现实中,杰奎琳连忙红着脸跟教授说明此次拜访的目的。

　　在咨询完奥德莉教授问题后,杰奎琳走出教授的家,回头望着那扇敞开的窗,窗帘从里面飘出来,随风摆动着。那温馨的一幕永远地留在杰奎琳的心中。从那天起,她的前行之路好像更加清晰起来了,她想成为像奥德莉教授一样的女人,拥有完美的家庭、成功的事业。奥德莉教授成了她的人生榜样,成了她努力的目标,使她有永不枯竭的能量去追求梦想。

第四节　与博士学位第一次邂逅

这时杰奎琳已经是硕士研究生二年级的学生了，是时间考虑自己的职业规划了。

一切本应该清楚明了，无须劳心费力的。自己当年读研的目的是因为美国言语与听力协会要求言语治疗师有硕士研究生的学历才能取得资格证，并从事这个领域的治疗和研究。而现在自己马上就拿到硕士学位了，可以直接去医院或者研究机构从事言语治疗的临床治疗或相关研究了。

但就是因为那次去奥德莉教授家之后，杰奎琳一直愁眉不展。对于一向都雷厉风行的她来说，面对人生抉择的时候，也要谨慎而周全地考虑。她看到了奥德莉教授的完美人生，心中憧憬着同样的完美。她一心想要成为美国最好的言语治疗师，只有读博士才能让她更深层次地接触到研究领域，成为像奥德莉教授一样的女人。另外一个重要的考虑是，她想要结婚，想要有自己的家庭和孩子。

综合考虑之下，杰奎琳满怀希望地去找院长咨询读博士的事情。

杰奎琳敲开了院长的门。此时院长正端坐在写字台前，认真地研读最新发表的言语治疗的期刊文章，不时地还圈圈点点，在空白处写下自己的观点。

他把老花镜摘了下来，插在了衬衫的左前兜里，一双炯炯有神的眼睛盯着站在门口的杰奎琳。他放下手中的笔，招呼杰奎琳进来坐下。

"杰奎琳，找我有什么事吗？"他亲切地问道。

"您好,院长先生,明年就要毕业了,我想考虑攻读博士学位。您看怎么样?"

"你为什么要读博士呢?"

"在我读硕士期间,我一边学习知识,一边去医院工作实习。在这几年的时间里,我越发感觉到自己对于言语治疗的浓厚兴趣,我想成为一名优秀的言语治疗师,不仅要在临床治疗上有出色的专业水准,而且在学术研究上也应该有超凡的创造与贡献。另外,还有一个个人原因,我现在还没有结婚,我考虑在攻读博士期间,组建自己的家庭,最好能生育一个孩子。这就是我的计划,可以一边读书,一边完成自己的人生大事。"杰奎琳把自己苦思冥想好几天得出来的决定告诉了院长。

院长非常熟悉面前这个侃侃而谈的小姑娘,因为他经常在许多教授那听到"杰奎琳"这个名字。杰奎琳在第一学年里表现出色并获得全系第一名,拿到了匹兹堡大学的全额奖学金,院长还亲自登上领奖台为她颁奖。当时,给院长留下深刻印象的就是杰奎琳灿烂的微笑。

但这一次,院长听完后却皱起了眉头。他看了看站在面前的小姑娘,说:"这样看来不行,国家和学校的教育经费可不能这么用,无论是国家还是学校都是不能拿出钱和时间去培养一个只为了生孩子、然后在家陪孩子的人的,即使是短时间内这样做也不行。教育经费是用来培养那些专注于学术研究,具有科研潜力,并能为国家、社会、民族创造出知识财富的人的。"

听到这一席话,杰奎琳只能点着头,怯生生地和院长告别,匆忙地离开了他的办公室。

在关上门的那一刻，杰奎琳思绪万千。虽然读不成博士学位心里难免失落，但杰奎琳并没有太多的怨言。她一向敬畏这位老院长，也不得不承认院长的考虑是正确的。他的一席话让杰奎琳明白自己的想法过于天真和不切实际。于是，在收拾好心情后，她继续忙着写硕士毕业论文，做着医院社会服务，暂且将攻读博士学位的事情放在了一边。

第五节 结 婚

很快，杰奎琳顺利地拿到了硕士学位证书。

毕业后，身边的同学大都忙着找工作，有的人留在了学校，有的人继续深造、攻读博士，还有的人则去了医院。在大家都忙得焦头烂额的时候，杰奎琳并没有像其他同龄人那样到处奔波，她做了一个惊人的决定——结婚。

此时的她已与大学时相识的男友哈维交往了五年了，两人的感情很好。为了两个人共同的未来，他们不能再过异地的生活。于是哈维从马里兰州来到宾夕法尼亚州，来到杰奎琳身边，并准备在匹兹堡大学攻读英语文学博士学位。

之前，婚事一直因为两人都未完成的学业和两地相处的现实而屡屡后延，他们想毕业后再谈婚论嫁。而现在两人都顺利毕业，还来到了同一座城市，是时候结婚了。

于是，1965年6月20日，他们踏着红地毯，在上帝、亲人和朋友的祝福与见证下，走进了神圣的婚姻教堂。

这一点不得不让所有人惊讶，他们才刚刚走出校园，什么都还是未知，什么都没有。这个时候选择结婚，在很多人看来都是一个冲动又不成熟的决定。他们能保证以后的幸福吗？他们能确定无论以后发生什么事都永不分离、相伴永远吗？

虽然什么都不确定，虽然什么都还没有，但杰奎琳与哈维却因此更加坚定。因为他们拥有对彼此真挚的心，拥有能够相伴永远的爱情，这已经足够使他们勇敢地迈入婚姻的殿堂。从此以后，他们不再是一个人面对这未知的未来，而是两个人一起分享成功与快乐，分担生活中的痛苦。

硕士毕业就结婚的决定，不得不让人佩服杰奎琳作为一个女人的魄力与远见。对于结婚，杰奎琳有自己的考虑：她早就想拥有自己的家庭和孩子了，作为一个女人，她想安定下来，开始属于她的生活。

第六节 误打误撞的博士学位

婚后，杰奎琳没有急于找工作，而是继续留在奥德莉教授的教学研究与发展中心。硕士期间，她就已经在这里做项目，从事言语治疗方面的研究了。此时的她已经作为高级助理研究员在研究中心里工作，一边做科研，一边可以有时间沉静下来思考自己的人生规划。

这同时也是奥德莉教授的决定。她想把杰奎琳留在身边，因为她很欣赏和喜爱这个聪明、美丽，同时又努力、勤奋的小女孩。这么多年来，杰奎琳已经成了她的左膀右臂，她已经离不开这个出色的助手了。后来杰奎琳去埃莫森学院（Emerson College）教学也是缘于奥德莉教授的推荐,她就像杰奎琳生命中的灯塔一样,为她指引了前进的方向,照亮了前进的航程。

杰奎琳一边帮助奥德莉教授做很多繁琐的调查研究,一边也已经开始有自己的发现和研究成果了。

言语治疗研究所隶属于匹兹堡大学的医学中心,在这里工作的好处之一就是可以在做研究之余免费上博士的课程。这对于杰奎琳来说绝对是一个意外的惊喜,她没有提交任何申请资料,就这样误打误撞地开始了她的博士学位攻读之路。她享受着一个巨大的优惠,就是既可以挣薪水,又不用掏一分钱去付学费。

原来可以如此简单地就实现自己的目标,连杰奎琳自己都不免觉得惊喜和意外。

当谈到与博士学位的缘分时,杰奎琳至今仍感到很奇妙

但是世界上没有免费的午餐，谁都无法想象，看似一切顺利的过程背后，杰奎琳付出了多少的努力，承受着多大的压力。五天的工作日，她需要工作、上博士的课程，还要照顾家庭。周末还要去匹兹堡的儿童医院做康复治疗的临床研究。她必须妥善地安排自己的时间，一部分给工作，一部分给学习，还有一部分分给她建立的小家庭。杰奎琳尽自己最大的努力，把一切都安排得妥妥当当，使它们彼此不受任何影响，井井有条。

杰奎琳和丈夫哈维租住在匹兹堡松鼠山的小公寓中。这就是他们第一个家，这个公寓只有一间屋子，大概60平方米。房间内的布置可谓"麻雀虽小，五脏俱全"。一张双人床，两张书桌，两个书柜，一个衣橱，一个沙发。距离沙发正对面的四米处，摆放着家里唯一的电器——电视。书桌和书柜也许是夫妻俩最珍贵的东西，因为他们都在从事学术研究，需要各自的书桌，两个书柜也分别陈列着他们的专业书籍。倘若有客人走进他们的家，一眼就会分辨出来这是由两个高级知识分子组成的家。很小的开放式厨房，杰奎琳一边做饭，一边转过身就可以直接把饭菜放在餐桌上。卫生间摆放着一个简朴的浴缸和一个很小的陶瓷水盆。房间里朝南开了一扇宽敞的窗，白天晴天的时候，阳光会照进房间，铺满房间的每一寸地方。这也是杰奎琳最终决定租住这间房的最大原因，因为这会让她想起奥德莉教授在阳光下的完美的背影。他们平日里很少在家里做饭，大多会在匹兹堡大学的食堂里吃饭。只有在周末的时候，年轻的夫妻俩才会去市场买菜和肉，回家一起做上一顿丰盛的晚餐，为一周的劳顿犒劳一下彼此。

每个周末杰奎琳都要坚持做一件事，她要到匹兹堡儿童医院看望那些患有言语障碍的孩子们。每到这个时候，杰奎琳就特别兴奋，因为能和孩子们在一起是一件令人激动并无比期待的事情。她会给孩子们带一些好吃的、好玩的，以让他们暂时忘却病痛的折磨。她总是对他们嘘寒问暖，时时刻刻都挂念他们的病情。杰奎琳与他们的交谈不同于其他医生，她同孩子们耐心地聊天，好像朋友般的推心置腹，她的治疗会让孩子们消除紧张，好像是在学知识、玩游戏一样。孩子们也同样盼望着杰奎琳的到来，每到周末，孩子们总会跑到医院的大门边等着杰奎琳赶过来。看到杰奎琳远远地走过来，他们就会跑过去把她团团围住。有时杰奎琳因为自己的博士课程不能去医院，他们也不愿意回到床上休息，而是依旧坚定地等候着。杰奎琳知道孩子们喜欢她，想要见到她。每当杰奎琳看到孩子们渴求健康、自由与欢乐的纯真眼神的时候，她都会一个人跑到角落里暗自伤感。她不想让孩子们看到一个总是喜悦的大姐姐有悲伤的那一刻，她多么希望自己的所学可以早一点让孩子们摆脱疾病的缠扰，能够早日像健康的孩子一样生活、玩耍。

杰奎琳尽力把其他的事情排在工作日，不去耽误周末她与孩子们相聚的时间。尽管这样紧张的安排让杰奎琳总是拖着疲惫的身体奔波在家庭、学校、医院之间，但是她却毫无怨言，因为她觉得这才是自己的价值体现。她辛苦求学不就是为了能学习更多的言语治疗知识，能掌握更多的言语治疗技术，好把它们应用于临床治疗中，医治更多被言语障碍困扰与折磨的人吗？

此时，哈维在攻读博士学位，同时还找到了一份全职工作。他可以在卡耐基梅隆大学（Carnegie Mellon University）教授英国文学课程。卡耐基梅隆大学与匹兹堡大学相邻，两校的学术合作交流频繁，许多科系可以互相选课，有些课程更是两校共同开设。这份工作让夫妻俩很高兴，因为一方面哈维可以把他的所学应用于教学中，另一方面一份可观的收入可以使他们的生活过得很轻松，不必为金钱烦恼。

从此，两个人都忙碌于自己的事业，为共同的小家庭而奔波着。他们都毫无怨言，只把这些辛苦当成一种必经的磨炼过程，只为更好的明天。虽然白天两个人基本无法相见，但是他们始终坚持着每晚都在一起吃饭，然后手牵手去公园散步，对彼此诉说当天的困扰与收获。

这样忙碌并充实的日子一过就是两年多。杰奎琳完成了所有博士必修的课程，开始了为期四年的论文撰写。

此时是1968年，正处于越南战争时期。战争从1961年打起，美国在越南战争中越陷越深，战争逐渐升级，美国国防部不断扩充军备和国防军数目，在国内不断发出征兵启示，号召年轻的有志青年投身于战斗，为国效力，以彰显美国军威。杰奎琳和哈维的很多同学都积极地参军，热火朝天地投身到异国他乡的越南战争中。学校突然变得冷清起来，来课堂上课的学生大多心猿意马，每天关注着海外战争的状况，学术氛围也变得浮躁起来。在这段时期，杰奎琳了解了很多与战争有关的东西。亚洲、屠杀、伤残等一些新的词汇走进了她的人生，也走进了她的研究领域。她做了很多关于如何针对战争造成的言语障碍进行治疗与康复的研究，这些研究都是特有的，在特定的战时才会做出的成果。

就在这一年的下半年，杰奎琳怀孕了。新生命的到来使哈维免于被征兵，他不必去越南战场，可以留在美国，陪着他的妻子和在第二年即将出世的孩子。可他们已经做了最坏的打算,如果哈维无法摆脱被征兵,他们就会离开这个国家,去一个可以给孩子和他们自己一个安全并快乐的国度。因为看过太多因为战争而致伤残的病人,杰奎琳要比一般人更痛恨战争。此时他们已经不能只为自己考虑了,而更多地考虑这个家庭、这个孩子的安危。

1969年,他们的第一个孩子出生了,是一个美丽、可爱的女儿,他们给她取名为杰西卡(Jessica)。这个名字意为上帝的恩宠,他们认为这是上帝在战时对他们的恩惠,赐给了他们一个漂亮、健康的女儿,他们希望女儿会在上帝的祝福与保佑下健康快乐地成长。杰奎琳认为这是她一生中最美好的时刻,她成为了一名真正的母亲,成了这个世界上最幸福的女人,这也似乎是杰奎琳完美一生的开端。

孩子的出生意味着幸福和快乐,同时也意味着劳累和开销。每天要工作、学习还要照顾孩子和家庭,杰奎琳在每晚睡觉之前都倍感筋疲力尽,她只有通过晚上短时间的睡眠来缓解一天的疲惫。孩子的到来给本不富裕的小家庭带来了新的经济危机,这不得不让杰奎琳又回想起自己小时候上学时拮据的经济状况,那时候的压力仿佛又回来了。因此杰奎琳在生产后并没有休养很长时间,就匆匆开始寻找可以挣钱的兼职工作。

一天,杰奎琳接到了马里兰大学的多萝西教授的电话。多萝西询问杰奎琳的近况后得知她所处的困境,说:"正好我刚刚调离马里兰大学,去夏威夷大学任职。马里兰大学此时正缺一位系主任,为什么你不回来接替我的位置呢?这样就可以有一笔可观的收入了。"这个消息对于杰奎琳来说真是个巨大的惊喜,她爽快地答应了。

  而此时,哈维的职业生涯也面临着巨大的变革。哈维得到了一份美国教育部的工作。这使夫妻俩异常兴奋。因为这份工作会让哈维获得巨大的满足感,他一定会在事业上有所成就。但这不仅仅是工作的变动,而且是整个家庭的变动。他们把家搬到了华盛顿市,而杰奎琳却不能住在她的新家,因为她要回到马里兰大学执教。

第四章　从马里兰到埃莫森

"埃莫森学院是我的职业生涯的开端,我愿把所有的青春与活力,知识与灵感都献给它。"

第一节　重回马里兰

离开丈夫,离开刚刚装饰一新的房子,杰奎琳带着刚出生的杰西卡回到了马里兰州,回到了马里兰大学——她的母校。

这是一个痛苦的离别。这个家刚刚稳定,丈夫的工作也刚刚安定下来,还没有完全适应。而她却要在这个时候离开丈夫,带着出生不久的女儿去另外一个地方。女儿还那么小,就要经受这样颠沛流离的生活。本来哈维说可以把女儿留在华盛顿由他来照顾,可是杰奎琳怎么能舍得离开这个小生命呢?她坚决要带着孩子,她不想错过与孩子在一起的每一天。

未来在马里兰大学的日子还不知道会是什么样子,杰奎琳皱起

建筑物上的马里兰大学徽章

了眉头。可是当她看到怀中安静熟睡的婴儿,她笑了,因为她知道,只要有女儿陪着她,她就会勇敢地前进。

回到母校后,学校为杰奎琳安排了一套教师公寓,免于她奔走于学校和住处之间。杰奎琳在学校的言语病理学和听力学系任职,回到了启蒙她、让她开始接触到言语治疗的地方。执教让杰奎琳骄傲无比,有种衣锦还乡、荣归故里的感觉。把自己的多年所学传授给母校的学生,提高母校在言语治疗方面的教学能力,丰富言语治疗的研究课题,是多么有价值的事情啊!一年的执教经历,让杰奎琳深深地爱上了教师这个职业。她乐于传授,乐于为学生们解决问题,乐于倾听学生们对于学业和人生的思考。也正因为这一年的教师体验,她决心要把自己一生的青春都奉献给这个美好的职业。

马里兰大学校园风景

教学工作很忙碌,杰奎琳白天上班,晚上回到公寓里照顾杰西卡。这一年,多亏了母亲来到杰奎琳身边帮忙照顾杰西卡,才使她既没有耽误工作,也没有耽误与杰西卡在一起。杰奎琳感到这个漂亮的小姑娘每天都会给她带来惊喜,带来欢乐,她享受着做母亲的快乐与满足。

在哺育杰西卡的过程中,杰奎琳也更加理解自己的母亲。不为人母,不知父母心,她明白了妈妈当年对她的期待与希望。当杰奎琳呱呱坠地,成为这个家庭里唯一的孩子的时候,母亲就已经决定让这个女儿拥有最好的教育,尽管当时的家境刚刚能维持温饱。母亲并没有受到太多的教育,所以她深知良好的教育可以改变女儿的生活状况和社会地位,不至于让她再过那种清苦的日子,再为金钱而烦恼。

而如今，杰奎琳看着怀里的女儿，眼中充满了泪水，她希望自己的女儿未来能够同样幸福、快乐、富足、安康。

第二节　走进埃莫森

1970年，杰奎琳面临了人生中的一个重大机遇——她被奥德莉教授推荐到埃莫森学院执教。奥德莉教授曾经在那里工作过，她清楚地知道杰奎琳会适应并喜欢那里，因为那里有很棒的言语治疗研究项目，杰奎琳可以参与并胜任这份工作。

许多功成名就的人大多赞同，成功的人生意味着实现自己的梦想。而在现实和梦想之间搭一座桥，莫过于人生中最难做到的事，这座桥会让人在最短的时间里用最快的速度接近梦想甚至达成梦想。在桥上，人们可以一边努力地向前走，一边享受着"两点之间，直线最短"的优越感。杰奎琳的一生是成功的也是幸运的，因为一直有人为她构筑这座桥。

埃莫森学院位于美国东北部沿海的马萨诸塞州的波士顿市市区。这所大学始建于1880年，以创办者查尔斯·埃莫森命名，早期是一所教授有关公开演讲辩论的小型学校，最后在1939年正式更名为埃莫森学院，成为美国一所以戏剧表演和传媒而享誉世界的私立大学。

杰奎琳接到埃莫森学院的聘书后，就带着杰西卡迁往波士顿市，离开了生活多年的马里兰大学。这里有她成长和成熟的印迹，有她在学业上的进步，有与她亲密无间的朋友和老师，虽然有太多

波士顿夜景鸟瞰

的不舍,但是生活必须向前走。

波士顿市是马萨诸塞州的首府和最大的城市,是美国的医疗保健和高等教育的中心,历史上在这里也发生了很多大事件,以波士顿的倾茶事件最为著名。在20世纪的早期和中期,波士顿随着工厂的陈旧和老化开始衰落,原有的工厂纷纷迁往劳动力更低廉的地方。于是,波士顿政府决定趁此改革,开始规划各种城市建设,包括拆除陈旧的工厂区,建造波士顿政府中心等。到了1970年,波士顿从长达30多年的经济低迷中复苏。也正值此时,杰奎琳来到了一片繁荣的波士顿。

当时杰奎琳还只是一位初来乍到的年轻助理教授,她走进陌生的埃莫森学院，温柔的眼神里透着一股坚毅，轻盈的步伐又显得格外踏实，看得出她娇小的身躯里跳动着一颗坚强的心。杰奎琳的到来并不显眼，不认识她的人也许还会以为她只是学校的一名大学生。

杰奎琳在埃莫森学院言语治疗学系教授言语病理学这一课程。言语病理学（speech-language pathology）研究由各种原因导致的交流障碍，通过康复治疗和相关专业知识帮助有言语障碍的人重新获得交流的能力。康复治疗过程包括研究评估病人对于语言阐释的生理和认知的能力，制定诊疗和康复方案，根据方案对病人实施康复治疗。而相关的专业知识与课程则包括解剖指导与言语及听觉生理学，吞咽的生物力学与发声吐字沟通障碍，听觉功能的心理学与认知沟通，语言评估与诊断技术，康复与管理疗法等。由此看来，言语病理学既是一门解除人体疾病的生命自然科学，又是一门与人文交流以及社会紧密相关的学科。换句话说，言语病理学是一门结合自然科学和人文科学的交叉学科。

这是杰奎琳在埃莫森学院的教师职业生涯的开端，从此她将一生的青春与活力，知识与灵感都献给了这所大学。

此时，杰奎琳也终于完成整整写了四年的博士毕业论文，题为：《促进理解成人语言障碍的研究》（*Facilitating Comprehension in Adult Aphasics*），她寄给匹兹堡大学的奥德莉教授，希望能得到她的批改和建议。奥德莉教授对杰奎琳的毕业论文赞不绝口，她认为这是一篇有价值的、有极强学术指导意义的论文，她立即提交给匹兹堡大学的研究生院。论文在奥德莉教授的指导下顺利通过，这也意味着杰奎琳终于拿到了匹兹堡大学的博士学位。这真是一个不可思议的博士学位，没有申请，也没有遇到阻拦。以至于杰奎琳现在回想自己的博士学位，都就只能用一个词来形容，那就是"奇迹"。

也许人的一生中就是会有很多奇迹发生，只是看你在奇迹发生的时候，有没有充分准备好，有没有坚定的信念去实现。杰奎琳做到了，她以为博士学位会与她擦肩而过，可是上帝却眷顾了这个坚韧的女人。

此时，丈夫哈维已经在美国教育部的特殊教育与康复办公室工作。虽然这个工作任命是在华盛顿市，但是他的办公室设在波士顿市的J. F. K.联邦大厦。他们是幸运的，夫妻俩两地分居的日子可以结束了，这个小家庭可以团聚了。

1972年，杰奎琳的小女儿出生了，夫妻俩给孩子取名为"科里"（Cory）。小科里犹如上帝的礼物，在里博格特夫妇刚刚稳定下来后，就降临到这个幸福的小家庭里。这时杰奎琳的大女儿杰西卡已经三岁了。科里的到来，让杰奎琳高兴极了，因为她早就计划好结婚后要养育两个孩子，她觉得两个孩子刚刚好，既不多，也不少，既不闹，也不孤单。杰奎琳一直都是家里的独生女，所以她尝遍了一个孩子的孤单，在没有父母陪伴、小伙伴都各自回家的时候，自己只能独自作乐，那种孤单的感觉太不好了，当时她多想拥有一个兄弟姐妹啊！所以她不想让自己的孩子感受同样的孤独，因为她和哈维的工作都很忙，可能没有太多的时间陪伴孩子。

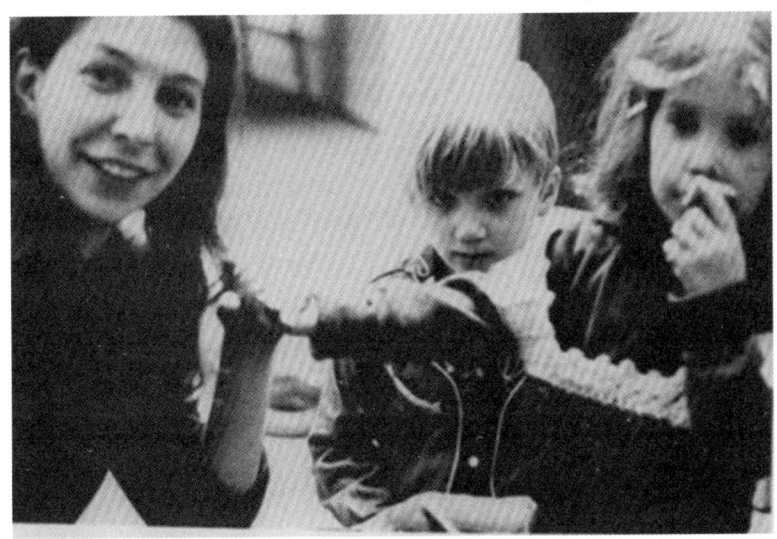

杰奎琳与两个女儿

到1973年,越南战争已经整整打了12年,而这12年也正是杰奎琳一生中相当重要的时期。上大学、读硕士、读博士、结婚、生子、工作,都在这12年里像流水一般地发生、发展着。她无法预期未来会有什么等待着她,但是她已经准备好迎接未来。

第三节 在授课中学习

1973年,杰奎琳成为埃莫森学院言语治疗专业的副教授。在这个时期,学院专业研究的重点渐渐从言语治疗方向转向语言研究方向。对于这一点转变,她是能够理解的,在大多数人的眼中,言语就是一种有声语言的表达,而不是肢体语言等其他无声的语言。

学校希望杰奎琳能讲授"儿童的语言基础"这门课程。这对于杰奎琳来说是第一次接触语言这个研究领域，不过她并没有感到失望或者力不从心。在攻读博士期间，她经常去儿童医院给孩子们提供治疗，对儿童的心理特别了解。尤其是在成为两个可爱女孩的母亲之后，她对孩子的成长和教育更是非常熟悉。杰奎琳觉得新的研究领域也许是言语治疗的未来发展方向，一切会充满乐趣。

由于对语言不甚了解，杰奎琳放下了副教授的架子，决定在教学中不断地学习。她动用了当时所有的人脉，四处打听在哪里可以学到有关语言的课程。

波士顿是美国的文化中心之一，被誉为"美国雅典"，因为这里汇集了上百所著名的大学，其中就包括哈佛大学和麻省理工学院。许多人认为波士顿是一座有教养的城市，主要就是得益于这些著名的大学。

杰奎琳的一个朋友当时在哈佛大学任教，教授"转换和生成语法"这门课程。她找到他询问学习语言知识的方法，他列了一个参考书书单递给杰奎琳说："如果你能好好地阅读这些书，就可以基本学会了。"

可是杰奎琳远远不满足于此，她摇着头说："我想把我学到的知识教给我的学生，怎么能单凭自己看过几本书就可以讲课呢？我必须走进课堂里仔细地听老师讲解。"

他佩服地说道："你可真有耐心和毅力，都当了副教授了，还要坐在课堂里当学生听别人讲课！好吧，我的所学都是来自乔姆斯基教授，要不我推荐你去他那听吧。他现在在麻省理工学院教授语言学。"

杰奎琳得知可以去著名的乔姆斯基教授那里听课，特别兴奋。

要知道乔姆斯基教授可是美国大名鼎鼎的语言学家,目前不仅是麻省理工学院的现代语言和语言学系的教授,同时还是认知科学研究中心主任,不断地为语言学界培养和输送了一大批有素养的学者。尤其是他的那本《句法结构》更是语言学的重要著作。

第二天,杰奎琳就跑到乔姆斯基在麻省理工学院的课堂上,她早早就坐在教室里等着乔姆斯基教授到来。乔姆斯基教授的课堂总是门庭若市,有的学生没有座位还站在一旁或者坐在地上认真地听课。学生们高涨的热情也带动了乔姆斯基教授讲课的情绪,他上课的时候总是慷慨激昂、意气风发。在课堂上,乔姆斯基教授常常在讲台前站立一个上午不曾休息,他的敬业精神每每打动着台下的学生。临近下课的时候,他还预留时间给同学们提问题,他鼓励学生踊跃提问,积极互动,这样知识才不会变得枯燥无味,并且会得到较好的吸收与运用。他一直强调,学习语言的人,尤其应该通过语言这个媒介,时刻保持人与人之间沟通的畅通。

虽然来听课的人很多,但是乔姆斯基教授还是注意到了坐在第一排认真听课的那张陌生面孔。这张面孔时而微笑点头,时而皱起了眉头,她一边认真听乔姆斯基教授的每一句话,一边仔细地记下每一个重要的知识点,她就是杰奎琳。

下课的时候,乔姆斯基叫住了杰奎琳,说:"你好像是第一次来上课吧,怎么从来没有见过你?"

杰奎琳害羞地回答道:"乔姆斯基教授,您好,我的名字叫杰奎琳•里博格特,是埃莫森学院的言语治疗专业副教授。"她认真地介绍着自己。

"那你为什么要来我这里学习语言?"乔姆斯基教授好奇地

问道。

"那是因为这学期学校给我安排的课程是言语治疗方面的儿童语言研究,但是在过去的求学过程中,我从来没有接触过语言方面的专业知识。我的朋友推荐我来听您的课,他说一定会让我受益匪浅,于是我就虔诚地向您请教来了。"

"嗯,是这样啊,好吧。我们学校规定学生需要注册才能上课,不过,我欢迎你来旁听,因为你是埃莫森学院的教授,我们可以时常进行不同学科的交流与切磋。你可以做我留的作业,可以交给我,我可以给你我的反馈意见,希望你能收获你想要的知识。"乔姆斯基教授微笑地说。

杰奎琳听后连声道谢,她为乔姆斯基教授慷慨的行为所打动。之后,每到乔姆斯基教授的课,都能看见好学的杰奎琳的身影。后来,随着认识交往的深入,以及学术上的交流和切磋,他们成为了一生的挚友。

于是,杰奎琳把在乔姆斯基教授课堂上的知识与自己的言语治疗的知识结合起来,终于站在埃莫森学院的讲台上开始了"言语治疗中的儿童语言"。

杰奎琳现在的研究方向是儿童的言语治疗,通过这一期间的系统学习和精彩教学,她对这个领域有了更多的知识积累和更深的学术领悟,这为她后来深入的实践研究奠定了坚实的理论基础。

埃莫森学院有着优秀的言语治疗研究的团队,杰奎琳的加入为这个研究团队增添了富有活力和激情的新鲜血液,可谓如虎添翼。

杰奎琳的课程吸引了许多学生,因为她的厚实的理论积累和丰富的实践经验,让同学们不仅对课程充满了兴趣,还对言语治疗的实践跃跃欲试。于是杰奎琳开始考虑是否可以带领学生一起参加这个领域的实践练习。

杰奎琳在教室讲课

当时,马萨诸塞州的法律规定,将所有病人按照类别分派到各个专科医院里,不再设立综合医院。在这样的法律之下,罹患言语障碍的病人就被分到了精神病院。波士顿的很多医院都和大学相关,大多是各大学医学院的教学医院。所以对于医学院的教授、学生或者社会工作者来说，直接去各专科医院工作、研究即可。

　　杰奎琳带着她的学生来到儿童医院和精神病院做言语治疗的临床实践和研究，这是她到波士顿市后第一次去这些治疗言语障碍的医疗机构。她当时就震惊了，这里的医疗条件实在太差了，病人根本没办法住在这里接受医治。那时的波士顿跟如今大不一样。现在的波士顿被誉为"美国医疗中心"，拥有先进的医疗设备和优良的治疗环境，众多医院汇聚于此。杰奎琳看到这样的情景很伤心、很失落，这种医疗环境如何能吸引优秀的医生留在这里为病人治病呢？

　　杰奎琳鼓励自己的每一个学生积极实践，因为对于言语治疗这种学科，重要的是如何协助主诊医生的治疗，提供适合的物理治疗与心理辅导，使病人及早康复。理论是基础，去支持实践的顺利进行，并提供解决的办法。就好比中风病人，他们的治疗一开始依靠医生给予的抢救、药物等，当生命不再受到威胁的时候，言语治疗师就要参与到病人的治疗过程中，为他们提供适合的物理康复疗程，帮助他们恢复行动和语言上的能力，并在此过程中给予病人积极的鼓励。

　　这一次指导学生实践，杰奎琳想从很小的孩子入手，她为同学们的实践设定了两个假设命题，这也是她一直想探究的领域：是否越早接受言语治疗就会越快恢复？是否能在婴儿时期发现潜在的言语障碍？她希望同学们在实践的过程中，能够解决和回答这两个问题。

　　同学们在调查研究期间都积极踊跃地接近患者，并进行激烈的小组讨论。他们的优势在于他们也是孩子，可以更好地接近孩子，取得年龄小的孩子的充分信任，然后进行他们之间的对话与交流，得到的效果明显不同于正常医生，因为医生的形象也许会吓到孩子，反而让他们感到紧张，从而在交流的时候有口吃现象。往往这些孩子本没有言语障碍，但紧张感加强后，会造成病情的恶化。

在实践学习中，同学们的讨论是个必要的环节，尽管他们的理论基础还不牢固，结论还不成熟，但是这是一个发现和解决问题的过程。通过讨论，他们自然而然地会对课本上的理论有更深入的了解和领悟。在实践的最后，杰奎琳还会对他们的表现进行点评。

对于杰奎琳事先提出的两个问题，他们最终得出了一个结论：美国人受口吃折磨的通常年龄是五岁。因此如果在五岁前或五岁的时候，家长能够给予足够的重视，并为孩子提供良好的言语治疗，言语障碍就不会影响到孩子的未来。

而另一边，哈维由于供职于教育部的特殊教育和康复院系，也对残障人士的教育问题进行了深入研究，并写了很多如何帮助残疾人康复的文章。因此，在这一时期，他经常陪着杰奎琳去医院了解病人的康复情况，他们也可以在学术上互相切磋、互相交流，共同进步。

第四节　两个承诺

岁月如歌，孩子们渐渐地长大了，到了可以上学的年龄，是时候开始为孩子们上学的事考虑了。

杰奎琳夫妇起初为孩子选择了波士顿的公立小学，但由于美国最好的初级教育在私立小学，所以他们最终还是把孩子们送到了波士顿最好的私立小学。他们不会因为高昂的学费而不让孩子们接受最好的教育。夫妻俩都是从事教育事业的，也因一路走来深深地感受到教育对于人的一生是多么的至关重要。他们不会强迫孩子们去做什么、得到什么，而是希望他们能在快乐无忧的环境下，选择去做他们喜爱的事情。

一家人在波士顿市幸福地度过了十年的光景。

有一天，哈维接到教育部人事通知，要求他把办公室搬回华盛顿市，这就意味着哈维又要回到华盛顿市工作，而离开波士顿的家，离开他的妻子和孩子们。似乎上帝又开始考验起这一家人，杰奎琳和哈维又过上了聚少离多的两地生活。但谁也没想到这样的日子过了近20年。

由于孩子们在上学，不能离开波士顿，因此照顾两个孩子的重任就落在了杰奎琳的肩上。但是夫妻俩达成了一个共识，就是无论再忙，哈维都要每周五从华盛顿市回到波士顿市，和妻子还有孩子们共度周末，然后再在周一赶回华盛顿市。这是哈维的第二个承诺，他严格地履行了近20年，每周如此，年复一年，就像他在结婚教堂里给杰奎琳的第一个承诺一样——要照顾她一生一世，永不分离，他从未食言。

在平时的工作日，杰奎琳每天早上给孩子们做好早餐，吃完早餐后就送她上校车，接着再赶到学校上课。晚上在家里准备一桌丰盛的晚餐等待两位小公主回家吃饭，吃完晚饭还要关心她们的学业。每一天都是忙碌但快乐地度过着。

孩子们最盼望周五的到来，因为晚上她们的父亲就会从华盛顿市风尘仆仆地赶回来。他们一家人从来就知道该如何很好地利用周末:他们会去超市疯狂地购物,把一周的食物都买回来;他们会去野外或者海边野餐,一家人坐在草地上或者沙滩上欢声笑语;他们会去短途旅行,一家人一起去爬山。哈维承认那一段时间很累很忙,但却是无比快乐的,什么也比不上和家人在一起的快乐时光。

第五章 初生牛犊不怕虎

"我很庆幸找到了自己热爱的职业,并坚定不移地走了下去。"

第一节 意外抛来的橄榄枝

杰奎琳工作起来兢兢业业,勤奋踏实。在教学和学术研究上,她几乎付出了全部的精力,她对待教学工作细致入微,对待学术问题严谨认真。

1979年,她成为言语治疗学系的教授。她的作风极大地影响着每一个学生,在学生眼里她是一个认真负责又有亲和力的老师。谁也没有想到日后这位身材娇小的金发女教授会成为这所大学的校长,并在埃莫森学院最危难的时刻将其引向一个全新的发展阶段。

就连杰奎琳本人也从未设想过自己会成为这所学校的校长,最初她的想法很简单,她只想尽力做好自己分内的教学工作,一心一意专注于自己在学术领域的发展。虽然，杰奎琳踏入这个领域只是一个偶然的选择，但是在学习期间她愈来愈感受到对这门学科的兴趣。于是，她以最大的努力刻苦钻研每一门课程，并广泛阅读了大量文献，获得极其优异的成绩。她立志要把自己的一生奉献给言语病理学的科学研究，在学术上要有所建树。

然而命运常常就是因为充满变数和未知才显得更加精彩，又或许杰奎琳的母亲从小对女儿寄予的格外期望和严格要求，注定了她日后要有所作为。

在成为言语治疗学系教授的五年以后，杰奎琳细致的工作风格引起了大家的关注，也获得了领导的赏识，杰奎琳的职业生涯迎来了一个重要的转折点。

1984年，在炎炎夏日的一个下午，杰奎琳刚刚下课回到办公室，连续讲了两个小时的课之后，杰奎琳稍稍有些疲惫。许多老师都在上完课以后离开学校回家完成剩下的工作，而杰奎琳总是待到最后，因为她担心会有学生过来提问，她想第一时间帮助学生们解决问题，而且她认为办公室为她提供了最完美的工作环境。那个时代即使在美国计算机也还没有普及，学校里有更加丰富的资料供她随时参阅，同时老师们下班以后办公室里常常只剩下杰奎琳一个人，在这样安静的环境下她更能够不受干扰、集中精力，以最高效的状态投入工作。

杰奎琳像往常一样，做好今天的课堂记录，记下学生在课上提出的疑问。此时办公室里已经没有其他人了，她正准备起身去休息室为自己煮一杯黑咖啡，好让自己有精力投入接下来的备课和作业批改工作。

"叮零零……"

这个时候,一阵电话铃声响起,杰奎琳心里一阵惊奇:这个时候谁会来电话呢?她放下马克杯,拿起话筒。

"是杰奎琳吧!"杰奎琳听到一个陌生又好像在哪听过的男子声音,但是又想不出是谁。

"您好,我是杰奎琳,请问您是?"

"我就知道你在的,我是阿伦·凯伦格(Allen E. Koenig)。你现在不忙的话到我办公室来一下吧,我有事情和你商量一下。"

"好的,校长先生,我马上过去。"放下电话,杰奎琳还没完全缓过神来。她心中充满疑惑:"怎么校长会突然找我呢?会是什么事?不会是最近自己的工作出现什么差错了吧?……"在路上,杰奎琳不断地问自己,推测着校长找她的各种理由,在心中思考着各种应对的话语。

终于,她来到了校长办公室门前。作为一名普通的教职员,是很少有机会和校长单独交流的,眼前的这扇门对杰奎琳来说很威严。她轻轻地敲了敲门。

"请进。"房间里传来呼应声。

杰奎琳缓缓推开门,面带微笑地走了进去。她此刻很后悔没有喝完一杯咖啡再来,至少这样也许可以让她看起来更有精神。

凯伦格先生正在翻阅一些文件,见杰奎琳进来了立即停下手中工作,他指着写字台旁边的皮沙发客气地对杰奎琳说:"请坐。"

杰奎琳坐下问道:"校长先生,您找我有什么事情吗?"

校长向杰奎琳递过一杯水,笑了笑,说道:"杰奎琳,你很努力啊,这个时间在学校工作的老师不多了,而且我发现你几乎每天都很晚才走。"

杰奎琳感到校长的赞美好像在铺垫着什么，她心中的疑惑还是没有解开。杰奎琳微笑着说："是啊，因为办公室的环境很舒适，而且有时候一些学生会来向我提问。再说我回家很方便，所以晚一点下班没关系的。"

"近两年，我一直在关注你。你很负责，很上进、工作很认真，许多学生和老师对你的评价也很不错。最近，学校想为即将成立的研究生院找一个合适的人选来担任院长，因为埃莫森学院亟须开展第一个硕士学位项目，所以校方很重视这个院的发展。今天找你来的原因主要是想问问你是否有兴趣尝试担任学校的研究生院院长一职。"

校长这一番话让杰奎琳措手不及，她一时间不知该如何回答。校长也许看出了她的心思，笑着说道："杰奎琳，让你有点意外吧？这不是我一个人的决定，我和董事会的成员事先沟通过，我们认为你工作很细致，和同事的合作协调能力也很强，可以尝试做一些管理工作，大家也都同意我的这一提议。你考虑一下。"

"非常感谢您的信任。可是我只是一名老师，在管理方面没什么经验，对研究生院的各项事务也都不了解，我有些担心……"

没等杰奎琳解释完，校长又说道："你的担心是自然的，不过我对你很有信心。现在研究生院的规模还不算大，尚处起步阶段，你刚好可以在这样一个过程中历练自己，这是一个很好的机会。我给你时间考虑。"

杰奎琳见校长如此信任自己，心中无限感激，"谢谢您的鼓励。我会慎重考虑，尽快给您一个答复。"

"杰奎琳，不要让我失望！"凯伦格校长似乎已经认定杰奎琳是不二人选。

这一突如其来的消息让杰奎琳感到有些受宠若惊。在这之前，她觉得自己只是在言语治疗学系任教的一个再平凡不过的教授而已，没有任何管理经验，负责的顶多也只是系内的一些学生事务。

而当时埃莫森学院的研究生项目亟须拓展，在那之前学校还未成功开展过任何硕士学位项目，所以新成立的研究生院受到学校各方的重视，作为研究生院院长就必定要担负重要的工作责任。她感到学校对自己这样的信任、赏识和提拔有些突然。

不过通过这次与校长的交谈，杰奎琳似乎看到了自己事业发展的另一种可能。她其实有些被打动，而且她的那些疑虑正在一步一步被自己心中的跃跃欲试所击败。杰奎琳从来都是很自信的，她觉得这是一份听起来很有意思的工作，她喜欢未知的、充满挑战的事情，而且她不想因为一时的胆怯而为以后留下遗憾。

要做出最后的决定，杰奎琳还有几个必须考虑的问题。

一方面是家人的意见。杰奎琳的丈夫哈维得知此事后，非常鼓励太太在事业上有新的尝试与突破。

另一方面，在言语治疗系教学岗位上工作了十几年之后，杰奎琳也进入了一段倦怠期。尽管成为教授，但她还是不舍得离开讲台，因此大量的作业批改、出卷和阅卷等繁琐任务占据了她许多时间，这让她无法完全潜心于她真正感兴趣的学术研究。当她正迷茫于自己越来越失去热情的工作时，校长抛出的这支橄榄枝无疑为杰奎琳指明了另一个前进的方向。而且研究生院院长的职责之一就是引导并负责学校的一些研究项目，这样一来在担任研究生院院长一职的同时,杰奎琳仍然可以选择不放弃她所喜爱的教学工作和学术研究。这也是杰奎琳考虑是否接受这份工作的重要因素,毕竟,她无法轻易割舍她已为之付出多年的言语病理学。

所以经过再三考虑,杰奎琳最终还是欣然接受了校长的任命。她深知她不可以让学校、让家人、让自己失望。

埃莫森学院办公楼内的建筑墙

第二节 爱上管理工作

1984年9月,杰奎琳正式开始担任研究生院院长。

在言语病理学的教学领域,杰奎琳已是轻车熟路,而对于学校管理工作,杰奎琳还只是一个入门者。在埃莫森学院待了近14个年头,虽然杰奎琳已经很了解学校,但是许多院系的具体职能她也仅仅停留在一个表面认知的层面。另一方面,虽然开朗热情的杰奎琳与学校的同事们已非常熟络,但更多是基于个人的交往,她对同事本人的了解也许更胜于对他们工作内容的了解。

埃莫森学院剧场大厅

作为一名教学管理人员,需要从工作和专业的角度了解自己所在的团队,这样才能够更加有效地组织和协调各项工作。所以,杰奎琳深知,如果想成为一个称职的管理者和领导者,自己还需要付出更多的努力。任职以后,杰奎琳用了将近一年的时间来逐步适应这份新的工作并最终全权接管研究生项目。

万事开头难,最初上任时毫无管理经验的杰奎琳对许多事情可谓是一头雾水,但是杰奎琳的学习能力和适应能力非常强,她在最短的时间内调整自己使自己可以顺利进入状态。从某种程度来讲,这也得益于她的语言学背景,不愧于自己言语病理学老师的身份。杰奎琳是一个沟通能手,她几乎与每一位同事都保持着非常融洽的关系,为这个新成立的小团队创造了非常和谐的工作氛围,提高了每个人的工作积极性以及工作效率。

那个时候研究生院在埃莫森学院还属于一个规模很小的院系,各项工作都还处于起步拓展的阶段。杰奎琳和当时院系的其他同事为以后研究生院的长远发展做了很多铺垫工作,他们一起整理汇编了埃莫森学院的第一本研究生院工作手册。这本手册包含所有研究生院工作人员的具体职责和他们所需要遵守的各项准则,以及研究生论文、成绩和学位的考核规定。

至今,杰奎琳还记得自己作为研究生院院长接手的第一个研究生项目,这也是埃莫森学院的第一个研究生项目。

那是一个有关艺术和文学创作的研究生项目,是埃莫森学院的第一个艺术硕士专业学位(Master of Fine Arts, MFA)。

"我当时还没什么经验,但是我通过向同事请教,通过自己在脑海中感知，从而对这个职位有了一定的概念，而且我想我的理解是正确的。因为我和我的同事们非常好地完成了工作，他们给予了我很大的支持与帮助。"杰奎琳意味深长地回忆着当时的每一幕。每当说起工作的时候，她最先感谢的都是她的同事。

前期，他们一起制定各项计划，包括硕士研究生的全部课程，相应的代课教师以及学生奖学金的申请条件等等；之后他们要将院系的提案递交至学校董事会讨论，达成一致之后形成正式文件交由马萨诸塞州高等教育委员会进行审核；最后，马萨诸塞州高等教育委员会批准了他们的研究生项目申请。这对埃莫森学院来说是一个历史性的突破，艺术和文学创作专业的硕士学位成为了当时在埃莫森学院可以获得的最高学位。

新工作的一切都让杰奎琳感到很有乐趣，她开始觉得这份工作很适合自己。

除了成功开办埃莫森学院的第一个硕士项目以外，杰奎琳在担任研究生院院长的三年期间，还做了许多事情，比如成立了研究生招生办公室；为研究生解决了住宿问题；创办了研究生工作协会；为许多研究生提供在埃莫森学院半工半读甚至参与学校管理的机会等等。杰奎琳渐渐开启了除教学外的另一个可以施展才华的全新平台。同时，她所获得的成绩得到了学校的极大肯定，这也标志着她的职业发展方向已悄然地发生着改变。

杰奎琳于埃莫森学院，1988年

1987年，由于在研究生院的优秀工作表现，杰奎琳经埃莫森学院推荐成为美国国家教育委员会的成员。就在杰奎琳成为美国国家教育委员会成员的三个月之后，埃莫森学院的教务长由于其工作业绩不佳等原因被免去职务，退回教学岗位。此时，学校各方开始为空缺的教务长一职物色人选，而刚刚进入管理层三年多就成绩斐然的杰奎琳再次走进大家的视野。此时的杰奎琳要比以前更加成熟、更加有把握了，但毕竟教务长在学校所承担的责任非常重大，是协助校长领导全校教学工作的参谋与助手，需要督促、检查、指导各教学单位和管理院系协调一致，可谓是学校同时抓教学和教务的主要角色，其重要性仅次于校长和副校长。

　　面对如此重要的岗位，杰奎琳认为自己资历尚浅，心中仍然有些许怀疑和担心。校长似乎又一次读出了杰奎琳的迟疑，他再次把杰奎琳叫到自己的办公室。校长觉得要说服杰奎琳，可能需要这样一次面对面并以诚相待的交谈。

　　还是那间校长办公室，不过这一次杰奎琳心中不再那么忐忑不安了，她知道校长要见她的原因。和上次一样，她心中还是有一些不确定，她不确定是否要再次接受新的挑战。

　　杰奎琳来到校长办公室，凯伦格先生这次没有在忙别的事情，只是静静地坐在窗边，似乎在特地等着谁。杰奎琳仍然在那张沙发上坐了下来，没等校长说话，她先开了口，向校长汇报了最近研究生院的一些工作情况。凯伦格先生似乎十分满意，一直点头微笑，始终没有打断杰奎琳。

　　等到杰奎琳结束了汇报工作，凯伦格先生向她递过一杯水，慢慢地说道："你的汇报很详细，看得出你们工作做得很周全。不过，这些有关研究生院的工作我们可以在明天的会议上再商榷。今天我找你的缘由想必你也略知一二，上周，董事会一致推举你担任新的教务长，而且已经有人去征求了你的意见，可是，你为什么迟迟没有答复？"

　　杰奎琳沉默了一阵，说道："抱歉，校长先生。这件事我一直放在心上，只是还没有完全做好接受的准备。"

　　"这一年多来你的表现令我们非常满意，我们觉得你完全有能力胜任教务长这一职务。"校长坚定的眼神注视着杰奎琳。

"对您的信任我非常感激。但是,教务长对整个学校来说毕竟是一个太重要的角色,我觉得目前还没有足够的能力接任。也许等我再成长一段时间,在教学管理领域积累更多经验,获得更多心得以后,可以再做进一步的尝试吧。这毕竟是一个太大的跨越……"杰奎琳边说边低下头,双手握在一起,紧紧地。

其实,对这份工作杰奎琳心中是非常渴望的,只是高度的责任心让她觉得自己还没有足够的能力和经验去应对这样一份重大的任务。要知道在美国的高等院校,教务长的地位仅次于校长和副校长。凯伦格校长十分理解杰奎琳的心情,他对杰奎琳的这番解释是有所准备的。

"杰奎琳,你说的这些我都了解。不仅你觉得自己需要进步,我们也觉得如果给你一些学习、成长的机会,你一定能够做得更好。通过你之前的表现我们都看出了你在教学管理方面的潜力,大家都很欣赏你并信任你,所以才给你这样的机会。因此,我已经决定推荐你去参加一个美国高等教育委员会主办的大学管理培训班,这对你学习如何扮演好教务长这一角色一定会大有帮助。这里有管理培训项目的详细介绍,你可以看一看,我非常期待你的答复。"

杰奎琳接过了凯伦格校长手中的资料,非常仔细地看了一遍。杰奎琳以前就知道这个美国教育委员会主办的大学管理培训班,美国的许多知名优秀的大学校长和教务长都曾参加过这个培训项目。她一直也非常希望有机会可以参加这个管理培训班,而现在摆在她眼前的就是这个难得的机会。杰奎琳非常感动于凯伦格校长对自己的周到考虑。

杰奎琳再一次欣然选择接受挑战。1987年她成为埃莫森学院的教务长。

两次与凯伦格校长的当面交谈，校长先生都说服了杰奎琳。所以现在回想起来，杰奎琳非常感谢凯伦格校长这位伯乐，如果没有他的信任与提拔，也许杰奎琳也不会如此坚定地走上这条路。

在杰奎琳接任教务长的两年后，也就是1989年，阿伦·凯伦格校长由于在迁移校址的问题上与董事会发生意见分歧而被迫辞职。在离开埃莫森学院时，他深信自己栽培的这个人才是没错的，他已看出这位女性对于埃莫森学院必将会发挥不同凡响的作用。杰奎琳和凯伦格先生至今一直保持着甚好的交情。

凯伦格校长推荐杰奎琳参加的管理培训项目被杰奎琳认为是她正式走向管理岗位的一个标志。通过管理培训班的学习，她系统地接受了有关如何进行大学教学管理的培训，获得了许多先进的专业理念，从而能够很好地把自己的实践经验同真正的管理知识结合在一起。

杰奎琳与学校管理层

这是一个全国性的学习交流项目，通过推荐和层层选拔，培训班汇集了来自美国各地的30名教学管理人员，他们都是各所学校的优秀教师、学者以及教务人员，而像杰奎琳这样已经肩负大学教务长职位的人并不多，当时很多的成员现在几乎成为各校的校长或者学校决策人了。杰奎琳也说，如果一切不来得那么匆忙，如果自己有机会再早一些进行这方面的培训和学习，也许收获的效果会更好。

这个培训班的宗旨是培养形成多元化的教学管理风格。在当时，教学管理团队通常由男性主导，因此杰奎琳的加入无疑是一种多元化的体现。

杰奎琳与同事在埃莫森学院，1993年

培训班的学习为期一年，所有学员都被安排在一所大学的校长办公室或者教务长办公室，亲身感受、理解和学习作为一名大学校长或教务长应该如何处理好各项管理工作。这样可以让学员们从实践中、从工作细节上更好更快地适应自己将来的角色。

除此之外,所有学员还经常汇集在一起演讲、讨论,大家在分享中互相学习、各自提高。杰奎琳深知这样的学习资源非常宝贵,她努力抓住这个难得的机会提高自己,而且在不断深入细致的学习过程中,她发现自己越来越喜欢教学管理的工作,越来越体味到作为教务长的美妙之处。

实际上,美国高等教育委员会开办这个管理培训项目是希望通过培训使这些学员有能力胜任大学校长的职务,后来杰奎琳回忆说她参加培训班时直接把自己的目标定位为教务长,因为她觉得让她来当校长是一件太不可思议的事情,根本不用考虑。

然而,杰奎琳总是低估了自己的能力,这件看起来很不可思议的事情就成了现实。学习期间,杰奎琳的出色表现已经预示着她将会成为一名优秀的学校管理者,这是大家有目共睹的。杰奎琳在教学管理方面的才华逐渐显露了出来,她获得了来自学校各方越来越多的认可。不知不觉间她与埃莫森学院的命运已经越来越紧密地联系在了一起。

不久之后,杰奎琳就被提升为埃莫森学院的副校长,负责管理学校的所有教学事务。

第三节 称职的副校长

成为副校长后,杰奎琳为埃莫森学院做了不少好事。

由于其管理监督各项教学事务的行政职责,杰奎琳有机会直接接触到学校大大小小的教学活动,她便推动埃莫森学院开办了一些教学项目，其中最具历史性意义的就是埃莫森学院建校以来开办的首次荣誉项目（Honors Program）。

荣誉项目是埃莫森为培养学校最顶尖的学生而设立的项目。每年，学校会根据申请者的学科成绩、创新成果和领导能力挑选50名最优秀的学生加入荣誉项目。这些学生从大一开始就要学习相关课程，直到大四毕业。

除了为埃莫森学院的整体发展方向出谋划策以外，杰奎琳还总是心系学生，她不忘一切为了学生受益的出发点，为埃莫森学院的在校生争取到了去洛杉矶实习工作的机会，并随后在那里建立了埃莫森学院的实习基地，为学生们提前体验、接触传媒电影工作创造了最优越的环境。

不过，最令杰奎琳本人感到欣慰的则是，她为自己钟爱的专业领域——言语病理学所做的事。埃莫森学院在成功开办了硕士研究生项目之后，又在杰奎琳为代表的学院领导的极大支持和促进下，继续开办了第一个博士生项目，这个博士研究生项目的专业就是言语病理学。

自从自己的工作重心从教学研究领域转换到教学管理工作以后，杰奎琳不可避免地渐渐放缓了自己在学术领域上的进程，在埃莫森学院管理工作上渐行渐远，这多少让心中曾有着远大学术梦想的杰奎琳有一些愧疚之感。而如今在她的倡导和推动下，埃莫森学院成功启动了言语病理学的硕士以及博士研究生学位项目，这在一定程度上弥补了内心在言语病理学研究方面的一块缺口。

其实，在埃莫森学院的教师队伍中，杰奎琳既是一位富有才干的老师，又是一名作品多产的学者。她有10个获得赞助的研究和培训项目，研究经费达到几百万美元。她独立发表或与他人合著超过20篇学术文章和出版作品。

如果不是命运的一些偶然情节，杰奎琳也许会继续做一位知名的言语病理学学者，也许会成为一名桃李满天下的名师，也许会经常出没于各类语言学、心理学的学术研讨会上，发表演讲，展示自己的最新研究成果。相信天资聪颖同时又勤奋钻研的杰奎琳在言语病理学的学术道路上一定也会走得风光无限。

后来，常有许多人出于好奇，问杰奎琳有没有非常想念以前上课和研究的时光。杰奎琳总会毫不犹豫地回答说："当然有。"她坦言，走上教学管理工作这条路有许多偶然的因素，自己的初衷其实就是尽职做好一名言语病理学老师和研究者。在刚刚接触管理工作的时候，杰奎琳还有时间兼顾教学工作，她还坚持为学生讲课，有时也参与一些课题的研究项目。但是随着自己身上肩负的学校管理事务越来越多，她渐渐对教学和学术研究工作显得有一些力不从心了，她不得不慢慢放下已经越来越有成果的学术研究。

直到接任副校长之后的几个月，她已将自己的工作重心完全转移到埃莫森学院的教学管理事务。她坦承在完全放弃教学和学术研究工作之后，自己经常会非常想念以往那些给学生讲课、申请项目作研究的日子。但是，她毫不后悔选择走上教学管理这条路。她总是肯定地说，经历过这么多以后，如果再给她一次机会，让一切重新开始，她还是会选择她现在的人生轨迹，来到埃莫森学院，来到这里为她所爱的这所学校、这里的校园还有这些可爱的学生和老师工作。作为埃莫森学院的校长，她觉得自己拥有全世界最好的工作，杰奎琳将这种对自己工作的热爱形容为义不容辞的使命。

近20年，杰奎琳的生活发生了巨大的变化。从埃莫森学院的一名助理教授到学校的副校长，对于这样的工作身份变化，很多人包括杰奎琳本人都觉得有些戏剧性。这一切似乎是未曾预料的，但又像是必然的。不过，面对这些接踵而来的挑战和变化，杰奎琳表现得超乎大家的想象，她没有让任何人失望。同时，这样的变化也唤起了深藏于杰奎琳心中的那份激情，面对这样的生活，杰奎琳感到适应、满足和快乐。

第六章　意外的转折

"也许是因为一切都是新的,我才无所畏惧。"

第一节　迁校风波

埃莫森学院位于美国传媒重镇波士顿,该市位于美国东北部大西洋沿岸,创建于1630年,是美国最古老、最有文化价值的城市之一,也是美国新闻学的发源地。

相较于一些综合型大学,埃莫森学院虽然只是一所小型的私立学院,但是它在新闻、写作、表演艺术和电影方面有很高的声望。如今,有许多年轻人慕名来到埃莫森学院求学。除了因为学校在传播及表演领域拥有的专业领先地位外,他们也被学校的黄金地理位置、优美的校园环境以及先进的校园设施所吸引。

埃莫森学院的主校区位于波士顿市中心的剧院区,现在整个剧院区都为埃莫森学院名下所有。顾名思义,波士顿剧院区因其众多的华丽剧院而闻名,包括卡特拉庄严剧院、塞梅尔剧院和格林剧院。这个古城区由于其悠久的历史、独特的建筑以及浓郁的文化气息于1979年被收录于美国《国家史迹名录》(National Register of Historic Places),这是美国政府收录值得保护的建筑财产的官方列表。

然而,在杰奎琳担任校长之前,埃莫森学院还没有来到波士顿的市中心。此前埃莫森学院一直位于临近波士顿市区的后湾区(back bay),直到20世纪90年代学校才逐步从那里迁至繁华的剧院区。这也被很多人认为是杰奎琳对埃莫森学院所做的最大贡献之一。

其实,早在20世纪80年代埃莫森学院就考虑为学校寻找新的校区,为学生们营造更好的学习环境,修建更优良的校园设施。当时的校长阿伦·凯伦格先生一直大力倡导改建埃莫森学院的校园设施。

当时的埃莫森校园虽不如现在这般摩登现代,但环境也十分宜人。校园里绿树环绕,青草如茵,尤其那标志性的赤褐色砂石建筑,远远望去仿佛是18世纪的一座古朴典雅的大庄园。但是随着招生人数的不断增加,学校拥有的教学空间实在有限,最让学校头疼的就是有关教学楼的问题。当时校园里的建筑并不是非常集中,都是散落在校园各个角落的低层建筑,而且,由于教学楼年代已久,教室存在数量少、设计陈旧、空间小、天花板低等一系列问题,同时学生住宿的条件也非常差。

为了学校的长远发展,埃莫森学院决定全方位改善校园环境。就此凯伦格校长提议将埃莫森学院位于后湾区的校区卖掉,然

埃莫森学院的剧场之一

后再拿这笔钱为学校建立一个全新的校区。他最初的想法是在临近波士顿的地段为学校建立一个新校区，这样搬迁起来也不至于很费周折。但是，或因为价格太贵，或因为环境不适宜建造校园，在波士顿附近学校没有找到合适的房产。

这个时候，学校董事会开始考虑搁置迁移校址这一计划，但凯伦格校长仍执意为寻找新校址而奔走，他曾一度计划买下波士顿的一个高尔夫球场。这个高尔夫球场附近的社区住的都是波士顿的上流阶级人士，他们十分不愿意让一所有着数千名学生的学校搬过来。而凯伦格校长在处理社区关系这方面又非常不擅长，以致他始终无法与附近的住户达成一致，所以只好放弃了购买这一高尔夫球场的计划。最终，他在马萨诸塞州的劳伦斯市（Laurence）找到了一块大约35英亩的空地。

劳伦斯市距离波士顿市区大概有一小时十分钟的车程，相对于波士顿市的发展要落后、贫穷很多，所以当地政府非常欢迎埃莫森学院在此设立新校区，并且劳伦斯市的市长声明他将只收取一美元，将这35英亩地卖给埃莫森学院，甚至愿意关闭该地的社区活动中心以腾出更多面积给埃莫森学院建设新校区。市长如此让步是因为他知道埃莫森学院的到来将会给劳伦斯市带来人才，带来全新的发展机遇。

但是，大多数人对于将学校迁至劳伦斯市表示非常不满，因为劳伦斯市经济落后，信息相对闭塞，城市各方面资源都不利于学校的发展。当时美国一本知名杂志评选了"美国十大糟糕城市"，劳伦斯市就位列其中。对于凯伦格校长的这一选择学校的许多员工表示非常失望，甚至为学校的未来感到担忧。在董事会上，埃莫森学院的董事会成员都反对将学校移至劳伦斯市，所有人都认为学校应该要靠近马萨诸塞州的首府波士顿，应该在城市里，在有剧院的地方，如果搬到穷乡僻壤的劳伦斯市只能是葬送了埃莫森学院的前程。

在一次讨论学校新校址的会议上，杰奎琳记得几乎所有的董事会成员都投了反对票，否决了凯伦格校长的决定。大家都认为凯伦格校长在拿埃莫森学院的前途发展做赌注，他一点也不了解埃莫森学院需要的是什么。

"我们为什么要去农村？作为一所传媒院校，我们必须在城市里，与媒体、与政府、与社会各界保持联系。"

"我们不在乎钱的问题，重要的是为埃莫森学院找一个合适的地方。"

"校长先生太不了解埃莫森学院了，这样会葬送了学校的前程！"

"劳伦斯市没有任何适合学校的资源，在那里没有任何发展的空间，这是一个错误的决定。"

……

埃莫森学院董事会的成员都异口同声地表达了自己对学校迁至劳伦斯市这一决定的极度不满。然而凯伦格校长仍然坚持自己的意见，他积极为此事奔走，并获得了马萨诸塞州地方议会的极力支持，但是这些支持者并不了解埃莫森学院的特点。

杰奎琳也深知，如果埃莫森学院真得搬到信息闭塞、发展滞后的劳伦斯市，一定会阻碍学校的发展，一定会对学校在专业领域的良好口碑有所不利。因为埃莫森学院自1880年建校以来就秉承着培养优秀的演讲及表演人才的办校宗旨，其创办人查尔斯·卫斯理·埃莫森（Charles Wesley Emerson）认为，传播沟通为推动社会进步的原动力，所以他致其毕生心血创立了埃莫森学院。而传媒的最大特点就是要与时俱进，如果将埃莫森学院设在穷乡僻壤之处，如何使学校获得最前沿最新鲜的资讯，如何让学校跟紧时代的节拍呢？

埃莫森学院导播间

　　杰奎琳曾多次尝试以自己的观点说服校长,希望校长将眼光放长远一些,为学校在传媒领域的发展多作考虑。但似乎凯伦格校长只能看到学校紧缩的财政,只是一心想着为学校节省开支。所以就埃莫森学院新校址的选定,学校各方始终无法达成一致。

　　最终,在没有办法的情况下,学校只好将争执交由法庭调解。这场诉讼案前后经历了整整三年,期间学校的建设发展几乎停滞,许多教学计划延迟实施,招生人数不断下降,学校的流动资金处于严重赤字的财务状态。凯伦格校长最初估算波士顿的校园房产市值一定能超过一亿美元,然而由于埃莫森学院诉讼案的一些负面影响,学校在波士顿的房产大幅度贬值,凯伦格校长也逐渐意识到自己的做法似乎让埃莫森学院面临着有史以来最艰难的困境。在重重压力之下,凯伦格校长选择终结诉讼案,并离开了埃莫森学院。

第二节 临危受命

凯伦格校长走后，依照"论资排辈"的传统，埃莫森学院一位较年长的副校长约翰·萨克里斯（John Zacharis）接任了校长一职。那个时候，杰奎琳正担任学校的副校长，工作是辅佐校长管理一切教学事务。

凯伦格校长的离去给他的这位后继者留下了一个极难收拾的烂摊子。

首先，学校的校园设施极不完善，这也是最初学校考虑搬迁的最主要原因。然而持续几年的商榷甚至争执并没能解决学校资源短缺的问题，反而对学校的发展起到了消极影响。校址迁移的计划取消之后，新校区愿景的破灭使得学校的老师和学生空欢喜、白期待了一场。更加不幸的是，这时埃莫森学院陷入了流动资金不足、财务严重赤字的"泥潭"，可谓危机四伏。学校的许多发展事务因此向后推迟，招生人数三年来持续下降。对于学校搬迁的传言学生也一直无法得到准确的答案，他们不知道自己的学校将何去何从，他们不知道自己到底是要继续留在波士顿还是要去劳伦斯市，因此很多学生干脆不来上学。那几年，在校学生的毕业率差不多只有百分之五十左右，达到埃莫森学院历史最低。

其次，埃莫森学院拥有一个实力雄厚的校友会，其中不乏波比·布朗（Bobbi Brown，美国知名化妆师、Bobbi Brown化妆品品牌创始人）、凯文·布莱特（Kevin Bright，美国著名电视剧《老友记》导演兼制片人）、亨利·温克勒（Henry Winkler，美国知名演员、导演）、杰·雷诺（Jay Leno，美国著名脱口秀主持人）等在美国传媒影视界颇有影响力的知名人士。

这些著名的校友多年来一直关注和支持着埃莫森学院的发展，但是听闻母校近年来诉讼案缠身、发展停滞的坏消息，埃莫森学院的校友感到非常不满，他们对母校也失去了信心，那几年学校几

杰奎琳和知名校友亨利·温克勒

乎没有收到任何来自校友会的捐赠基金。可见，新校区搬迁事件使得埃莫森学院的名声大打折扣。

埃莫森学院已然陷入重重危机，大家都指望着新上任的校长能为学校带来转机。然而，学校董事会却似乎并不认同这位新上任的校长，因为他之前在学校搬迁这一事宜上和凯伦格校长的观点一致，支持学校在劳伦斯市建立新校区。

虽然他的接任没能让董事会的反抗情绪得到缓和，但是，眼下埃莫森学院的搬迁计划已经取消，大家都明白现在更需要做的是齐心协力使埃莫森学院步入运行正轨。

杰奎琳和知名校友杰·雷诺

当时，埃莫森学院手中握有一大笔债券，但是由于之前诉讼案的影响，这些债券已沦为垃圾债券，在债券市场上可谓毫无价值。于是，学校决定召集学校管理人员和所有董事会成员进行一次商讨，为学校的财务危机寻求一个合适的解决方案。在这次会议上，学校董事会正式通过新校长的接任一事，并决定到债券市场上就埃莫森学院债券重新进行谈判协商。虽然大家都明白埃莫森学院的债券现在就等于一摊垃圾，但是董事会还是决定要赌这一把。

之后，迎接埃莫森学院的就是一场接一场的会面，他们与所有债券持有人一一见面，想极力为学校挽回些什么。这个时候杰奎琳自然没能闲着，作为副校长的她需要陪同校长一起参加所有与债券持有人的商榷。一场场会议下来，学校并没能争取到什么，埃莫森学院依旧一团糟，几乎没有流动资金，财产几近一文不值……所有老师学生的心都为埃莫森学院以后的命运悬着。

一天下午，大概四点左右，杰奎琳像往常一样准时来到会议室，准备同一些债券持有人商谈有关学校的工作规划和最新状况。校长参加会议时总会迟来几分钟，大家像往常一样预备等他到来以后再开始会议。

半个小时过去了，校长依然没有出现。杰奎琳有一些担心，她打电话到校长办公室，传来的是校长秘书的声音。

"杰奎琳女士，不好意思，校长先生今天不去了，他生病了，需要住院。近期都不会再去参加会议，但是他叮嘱会议要继续进行，所以这段时间的学校事务都由您来主持。"

听到这样的回答，杰奎琳有些半信半疑，他怀疑校长只是想找个借口不来参加会议。因为大多数人都认为学校天天做的都是无用功，面对来自外界巨大的压力，校长也许有些支撑不住了，他也许想选择逃避了。杰奎琳拨通了萨克里斯校长家里的电话，她要求证自己的猜想。

接电话的正是萨克里斯校长本人，"杰奎琳，我就知道你会打过来的。我非常抱歉要离开学校一阵子，医生说我得了癌症，我今晚就要住院。所以接下来一段时间由你代理校长的职责，抱歉！需要你多操劳了。"

杰奎琳心里一震，她万万没有想到校长先生会毫无预兆地得上重病。"放心吧，萨克里斯先生，我会尽我所能的。你要尽快好起来，大家等着你回来。"

萨克里斯校长的病情使他重回学校的日子遥遥无期，但埃莫森不能群龙无首，而杰奎琳无疑是代理他处理学校事务最为合适的人选。对于杰奎琳自己而言，虽然这件事发生得太过突然，但强烈的责任心驱使她果断地承担下了这份责任。她知道，这是她可以为萨克里斯校长，为埃莫森提供的最好的帮助。

1992年2月14日，杰奎琳被学校董事会正式任命为代理校长，所以说实质上，杰奎琳的校长职业生涯从这个时候就已经开始了。她在埃莫森最危急的关头，扛下了带领整个学校冲出困境的重任。

第三节 机遇是留给有准备的人的

在住院九个月后，萨克里斯校长还是治疗无效不幸去世了。埃莫森学院校长的位置再次空缺。此时，学校的情况已经岌岌可危，容不得一刻的松懈，董事会不得不立刻为埃莫森寻找一位能够改变学校局面的新校长。

在萨克里斯校长离岗治病的那段时间，学校大大小小的一切事务都由代理校长杰奎琳一人负责。杰奎琳非常了解学校面临的复杂状况，她能意识到学校最应该解决的问题是什么；再者以她多年来在教学和管理上为埃莫森学院所做的贡献来说，杰奎琳完全应该顺理成章地直接成为学校的新任校长。

但是，董事会中不乏一些反对的声音，他们大多是考虑到杰奎琳的性别因素。他们认为让一名女性来担任学校最高领导职位有些欠妥。

虽然美国是一个历来处处讲平等的国家，种族平等、男女平等……但是在现实社会中，人们脑海中还是多多少少存在一些不成文的思维定式。尤其在当时那个年代，女性担当高层职位的还属极少数情况。

杰奎琳说她也总是不断被问及有关女性主题的话题。作为一名事业成功的大学女校长，大家总是认为她在一定程度上颠覆了女性的固有形象，超越了一般女性的能力。然而，对于这样的评价，杰奎琳往往是轻描淡写的几句带过。也许是从小受母亲的影响，杰奎琳从来不认为女性的身份会阻拦她做些什么。她觉得性别不会给自己的命运带来什么差异，她只是专注于自己想做的事情。至于当时董事会几名成员反对她担任新一届校长，杰奎琳也表示她完全理解这些人的想法。

"这是社会根深蒂固的一种偏见，凭我一个人的力量是改变不了的。我能改变的是自己的态度和能力，继续前进，发掘自己的全部潜能。"

于是，杰奎琳同意董事会提出的公开选拔新校长人选的决定。当然，作为学校的时任代理校长，作为一个全心全意为埃莫森学院着想、奉献的老员工，作为一个带着想法来改变埃莫森学院的设计师，杰奎琳也参加了这一次公开竞聘。这次和以往不同，杰奎琳不再处于被动的位置，等着学校给她机会，而是选择主动向前一步，去追求目标。在这五年多的管理工作中，杰奎琳渐渐懂得在工作上积极主动一定会带来回报。如果一个人总等着别人告诉你做什么，给你机会你才会去做，很难设想这个人能成为领导别人的人。她再也不允许自己拒绝机会，再也不怀疑自己到底能不能胜任校长的工作，她认为迅速学习并做出成绩的能力才是最重要的。其实没有什么所谓的完全合适的时机，要主动抓住当下的机遇，创造一个给自己学习的机会。学习能力才是领导者必须具备的最重要的特质。

　　学校董事会非常看重这次新校长的选拔，还特意为此聘请了一个专业的猎头招聘公司来为竞聘把关。同时，由于之前的校园搬迁诉讼案，波士顿媒体格外关注这次埃莫森学院新校长的公开选拔。

　　竞聘过程包括公开的演讲以及面试环节，除杰奎琳之外，不乏几位非常优秀的竞聘者，他们也都有着丰富的大学管理经验。但是在所有的候选人当中没有谁比杰奎琳更了解埃莫森学院这所学校了。埃莫森学院所处的水深火热的局势要求上任后的校长必须即刻为学校的发展方向制定方针政策，因此这位校长需要对学校有全方位的了解。在这一点上，与其他候选人相比，杰奎琳无疑有着绝对的优势。

　　在所有竞选流程过后，学校董事会实行投票制选出埃莫森学院的新校长。也许是对杰奎琳多年来对学校付出的肯定，也许是出于对杰奎琳的信

校长就任海报

任，也许是被她坚毅的性格所折服……杰奎琳最终以压倒性优势战胜了其他候选人，成为了埃莫森学院建校以来的第十一任校长，也是该校历史上的第一位女校长。

事实上，在那些熟知杰奎琳功绩的人看来，杰奎琳竞选成功理所应当。他们将她描述为"在合适的时间出现的合适的人"。

"她是一个能做事且有远见的人"，当时埃莫森学院的董事皮特·米德说，"她是实干的，她知道怎样经营。"

尽管杰奎琳早已胜券在握，但在得知自己当选为校长的那一刻，她还是流下了激动的泪水。这泪水蕴含着极其复杂的心情，她感动于自己为之付出辛劳的这所学校挽留了她，但她也深知自己身上肩负的担子很重，这份信任沉甸甸的。

THE INSTALLATION of
JACQUELINE WEIS LIEBERGOTT
as the ELEVENTH PRESIDENT of
EMERSON COLLEGE

2:00 PM
FRIDAY, DECEMBER 3, 1993

EMERSON MAJESTIC THEATRE
219 TREMONT STREET
BOSTON, MASSACHUSETTS

杰奎琳就任埃莫森学院校长，1993年

杰奎琳的担心是完全有理由的。

如果是在今天，成为埃莫森学院的校长也许是一种荣誉，是一件值得开心、值得庆幸的事情。因为，经历过风风雨雨发展起来的埃莫森学院如今在美国传媒业及高等传媒教育领域有着公认的重要地位和良好口碑。

但在当时，埃莫森学院可谓是一团乱麻，学校管理混乱，人心惶惶，也许算得上是建校以来最糟糕的一段时期。在这个时候校长一职可谓是个烫手的山芋，将面临诸多的问题考验。如果新校长解决好了这些问题当然可以名留史册，但是面对如此复杂、棘手的局面，谁也没有把握。

杰奎琳在这个时候挺身而出，勇敢地担下重任，埃莫森学院上上下下无不佩服她内心这股毫不逊色于任何男校长的强大力量。当被问及是什么使她有如此之大的勇气时，杰奎琳总是带着一种自我调侃的口吻说，那时的她还"太年轻"、"太幼稚"，颇有"初生牛犊不怕虎"的架势，因为没能真正意识到学校的危急情况，才"傻里傻气"地当上了这个校长。

也许，当时杰奎琳的决定的确带着些许"无知者无畏"的因素，但是，她接下来所做的一切证明她不是"无知的"，她对学校的发展有着自己独特的远见和规划。埃莫森学院要感谢这位有着大无畏精神的女校长，是她，为埃莫森学院开启了一个新的时代。

第七章　校长十八年（上）

"如果留在原地，我们就无法成功。"

第一节　走出阴霾

这是一个历史性的时刻，杰奎琳成为埃莫森学院（以下简称"埃莫森"）建校113年以来的第一位女校长。杰奎琳感恩学校董事会对自己的信任和肯定，也感恩自己的辛苦付出得到了回报。但学校目前的状况，让她没法在喜悦中沉浸太久。她不得不以最快的速度冷静下来，因为眼前还有一个又一个棘手的问题等待她处理，真正的考验才刚刚开始。

此时的埃莫森正处于一段极度动荡的时期，整座学校就像一艘迷失方向、摇摇晃晃的航船，而杰奎琳就是刚刚接下指挥大旗的船长。杰奎琳清楚地知道，一艘船必须要有明确的方向和目的地才能重新扬帆起航，她要思考清楚，埃莫森这艘船到底该驶向何方？

埃莫森学院大楼

美国拥有较为完善的高等教育体系，教育资源丰富，在各领域均处于全球一流地位。同时，许多美国高等院校不仅是高级人才培养的基地，而且是科学研究甚至尖端科学研究的重要基地。所以，世界各地的学生都慕名来到美国学习，希望接触到各自领域中最前沿的信息。美国大学排名前列的均为综合性大学，这与中国的高等教育体系有相似之处。这无形中也会给人一种定式思维——综合性大学的教育质量比专业型大学更高。受这种思维的影响，许多高等院校都争相将自己打造为学科门类齐全的综合型大学，这似乎已是一种"潮流"。

因此，在所有人为埃莫森的发展前景感到迷茫时，也有声音提议学校是否应该转变办学方向，不该死守传媒艺术领域，而应该将眼界放得更宽，这样也许可以获得更多的发展机会。

这种说法不无道理，综合性发展之路是许多大学的成功办学经验，他们通过拓宽领域来吸引更多优秀的师资和生源，从而使学校一步步走向良性循环的发展道路。但是这一定适用于每一所学校吗？这一定适用于处于资金匮乏、财务亏空状态的埃莫森吗？

杰奎琳并不这么认为。她预见接下来的时代将是一个新媒体时代，传媒业作为一个新兴的产业，未来的发展还有很多机遇，需要更多相关领域的人才。

20世纪90年代是一个传媒技术风起云涌的时代。1991年，科学家提姆·伯纳斯李（Tim Berners-Lee）开发出了万维网（World

埃莫森学院演播室

Wide Web),从此之后,互联网开始向大众普及,并以超乎寻常的速度在全世界蔓延开来,属于互联网的时代就此开启了。互联网打破了原有的传播模式,改变了人们认知世界的途径和方法,被称为新新的"第四媒体"。继报纸、广播和电视后,传媒业再次面临巨大的机遇和挑战。因此,杰奎琳坚决不同意埃莫森改变发展方向,她要借助这次契机,把埃莫森建设成全美国,甚至全世界传媒业的领军者。

"这就是埃莫森的使命和特色,是埃莫森在传媒和艺术领域的独特使命。"这是杰奎琳一贯的坚守。她坚信只要引导得当,经过一段时间埃莫森一定可以重新走在传媒和艺术领域的前沿,她对埃莫森的未来发展充满着期待。

埃莫森学院媒体实验室

然而，理想的丰满掩盖不了现实的骨感，埃莫森有太多的难题需要解决了，其中最大的阻碍就是校园设施。

长时间以来埃莫森都被校园空间不足和设施落后的问题所困扰，由于场地的限制，学校的很多活动都无法正常开展，甚至连教工办公室和图书馆都无处安置。后湾区已经不可能有更多的空间了，学校管理层一直都在考虑校园搬迁的事宜。之前由于学校管理上的混乱，搬迁的计划一度被搁置。现在，杰奎琳已经正式成为埃莫森的校长，学校的发展方向也已经明确，是时候重新把搬迁工作提上日程了。

在这一点上，杰奎琳始终坚持的原则是学校不能离开波士顿。

"我们哪里也不会去。"杰奎琳坚定地说。因此，任何要把学校迁出波士顿的提议都被杰奎琳否决了。更别提之前争论的要迁去劳伦斯市的方案了，那是一个糟透了的选择。学校如今陷入如此境地也"得益于"那次有始无终的搬迁方案。

可是埃莫森目前负债累累，资金状况很不稳定，这使得杰奎琳十分被动。她几乎没有选择，除非能找到地理位置良好、价格又便宜的房产，否则，学校将很难摆脱如今的困境，连杰奎琳自己都觉得这是个几乎不可能实现的美好愿望。但是生活的奇妙之处就在于它往往会在你几近绝望的时候突然带给你希望。这一次，幸运女神眷顾了杰奎琳，也眷顾了埃莫森，她在波士顿市中心找到了一处非常合适的地段——剧院区。

波士顿剧院区

剧院区位于波士顿市中心，在20世纪90年代初是荒凉的战后区。新一届的市政府为了复兴这一地区的房地产，以低廉的价格鼓励投资，把房价调低至与大萧条时期相当。杰奎琳正是抓住这一机遇，为埃莫森买下了它在剧院区的第一栋大楼。

这座大楼就是现在的安信楼（Ansin Building）。这是一座14层的建筑，位于特里蒙特街180号，在楼里可以俯瞰波士顿公园（Boston Common），地理位置十分优越。它过去曾经是公共福利部门（the Department of Public Welfare）和波士顿爱迪生有限公司（Boston Edison Co.）的所在地。大楼建筑面积75000平方英尺，内部设施齐全，最重要的是它价钱合适，买下它仅需要花费225万美金，相当于每平方英尺30美金，这是谁听到都会心动的价格。①

---

① 参见罗伊·格特曼：《波士顿再开发局批准埃莫森向市中心扩张》，载于《波士顿环球报》，1992年6月17日。

当时这座楼归属市政府所有，如果想买下它就必须和政府进行交涉。由于埃莫森之前要离开波士顿的搬迁计划给波士顿市政府留下了非常不好的印象，所以杰奎琳这次要面临的谈判并不容易。但是为了学校的发展，她决定试一试。

杰奎琳和两位学校董事会理事专程拜访了波士顿市长，表明了想买下这座楼的强烈意愿。杰奎琳身着正装，精神饱满，非常诚恳地向市长表明了学校最近的状况，同时也陈述了她为学校发展所设计的蓝图。她

安信楼

向市长强调了埃莫森在传媒领域的重要使命，她殷切地希望市长为了波士顿传媒业的前景要明智地看待并扶持埃莫森的发展。

杰奎琳句句有理，市长不能不被说服。但是，市长也有自己的顾虑。原来，在埃莫森提出购买申请之前，这栋楼所在的社区也正考虑将其收为己有。市长对杰奎琳说，只有她征得了社区的同意，他才会批准埃莫森的购楼申请。于是，杰奎琳只好又来到该社区的发展委员会拿出各种理由进行游说。游说的经历是痛苦艰辛的，但杰奎琳的热情和执着打动了这里的每一个人，这个社区的负责人最终同意转让购买权。

这还没有结束,由于剧院区的房屋都是拥有百年历史的老建筑,对它们的改造将牵涉诸多方面的问题,因此波士顿的政府部门需要层层把关。就埃莫森购买并改建安信楼的计划而言,学校还得获得波士顿再开发局(Boston Redevelopment Authority)和波士顿土地规划批准理事会(Boston Zoning Board of Appeals)的同意。杰奎琳需要一一攻克难关。

在得到市长和社区的支持后,杰奎琳底气足了很多,她开始考虑如何提高这件事的胜算。正所谓"知己知彼,百战不殆",杰奎琳采用了一个看似平常却总是行之有效的方法,就是换位思考。她想象如果自己是那两个部门的理事,什么样的理由会让她心动?没错,那就是埃莫森的搬迁能为剧院区,乃至整个波士顿市带来什么。因此,杰奎琳采取的策略是让理事们明白,埃莫森买下这座楼,搬迁到剧院区,不仅对学校自身的发展有好处,还能为剧院区和波士顿市带来意想不到的收获。而这,也恰恰成为了打动理事们的制胜法宝。

接下来,一切就变得顺理成章、水到渠成了。

在波士顿再开发局的会议开始前,杰奎琳向再开发局董事会主席克拉伦斯·琼斯(Clarence J.Jones)先生提交了一份清单,上面列举了支持埃莫森搬迁的社区团体和领导的名单。考虑到有相当多的人对埃莫森的计划持观望态度,杰奎琳希望通过此举争取到他们的支持。她并没有十足的把握,但只要有一丝希望,她都会尽力试一试。

结果证明,杰奎琳的判断是正确的,会议上,埃莫森的搬迁方案被一致通过。"从这份清单中我懂得了,埃莫森的搬迁能为这片

第七章 校长十八年（上） | 117

区域带来生命力和额外的收益。"克拉伦斯主席说道。相信许许多多的人都同他一样，开始对埃莫森的到来充满期待。

对这个结果最为兴奋的人莫过于杰奎琳，"这意味着我们可以在离庄严剧院更近的地方活动，并在波士顿公园周围建立起重要的地位。"

她希望搬迁计划在波士顿土地规划批准理事会的会议上也能够如此顺利地通过。有了一次成功的经验之后，杰奎琳更加信心十足。这一次，她更具体和直接地向理事们强调说，埃莫森的搬迁，不仅能使埃莫森的校园聚集在市中心，更重要的是，它能够将特里蒙特街和博伊尔斯顿街打造成为"活跃的城市一角"，拓展市中心的文化区域。

杰奎琳的一番话正合理事们的心意，他们没有任何理由拒绝这样一个双赢甚至是多赢的计划。就这样，埃莫森的购楼计划获得了最终的批准。

买下大楼

安信楼被用于埃莫森的教学和行政，虽然它在外表上并不比学校后湾区的楼房好多少，但它内部设有教室、演播室、编辑室、办公室和广播电台，配备的设施都是最新和最先进的。教工们从此拥有了崭新宽敞的办公室，学生们也终于能在现代化的教室上课了，埃莫森上上下下都为之振奋。杰奎琳计划将安信楼打造为学校的传媒和技术中心。在她看来，传媒与先进技术密不可分，她希望能将最新的传媒技术引入学校教育，帮助埃莫森的学生为进入传媒行业最前沿做好准备。

事实上，安信楼在某种意义上更像是杰奎琳和学校董事会的一次大胆试验。虽然事后证明他们的决定是明智的，但是在此之前，谁也不敢保证这次试验能成功，因为为了购买这栋楼，埃莫森承担了相当大的风险。

风险一方面来源于剧院区的环境。当时的剧院区刚刚开始战后重建，不仅经济不发达，而且犯罪率很高。安全问题是最让杰奎琳担忧的，毕竟，这关系到埃莫森几千名学生的人身安全。

"学生们的安全是我最大的担忧。"杰奎琳把自己的担忧告诉了丈夫哈维。杰奎琳和哈维一向无话不谈，不管遇到开心还是不开心的事，她都习惯了向哈维倾诉，而每一次，哈维都会在认真地倾听之后，给出自己的看法和建议。这一次也不例外。

"如果你们能平安无事地度过第一年，那么一切都会好起来"，哈维说道，"但如果第一年内发生了什么事，有学生受到了伤害，那埃莫森就很难成功了。"

尽管不是埃莫森的教工，但通过杰奎琳，哈维已经对埃莫森的情况相当熟悉了。杰奎琳知道，哈维说的都是对的。但在她内心深处有一个声音告诉她，这可能是埃莫森翻身的唯一一次机会了。继续留在后湾区，埃莫森将无路可走；而如果搬去剧院区，至少还有50%的可能会成功。

"我们没有别的办法了，只能试一试。"杰奎琳就是抱着这样的心态，说服董事会放手一搏，买下安信楼。

杰奎琳和埃莫森学院董事会成员

从表面上看，这个决定多多少少有点"走投无路"的意味，但是在这孤注一掷的背后，杰奎琳和董事会也并不是没有理性的考量。

当时，新上任的政府已经着手整治剧院区了。他们向埃莫森和其他投资者保证会清理战后区，确保市中心的安全。另外，由于安信楼的主要用途是教学，并不提供住宿，因此学生们仍然会居住在后湾区，只在有需要的时候去剧院区上课。这样一来，他们会遭遇的危险也就少了很多。杰奎琳相信，只要学校不放松警惕，在安保措施上多下工夫，安然度过第一年的可能性还是很大的。

因此，在安信楼投入使用之后，杰奎琳在保证学生安全方面可谓煞费苦心。她不仅同时采取了三种安全措施，还雇用了一大批专业的保卫人员。而市政府也遵守了他们的承诺，尤其是在埃莫森的学生来到剧院区之后，低俗的成人商店被取缔，地区犯罪率也明显下降，周围的环境变得越来越安全。杰奎琳和董事会的顾虑也终于消除了。

另一个风险则是由于埃莫森自身的财务状况。尽管当时安信楼的价格已经相当便宜了，但那对正面临财政危机的埃莫森来说仍是一个无力支付的数字。怎样才能筹集到足够的资金来购买大楼，同时又让埃莫森安然度过财政危机呢？

毫无金融知识背景的杰奎琳对此一筹莫展。这个棘手问题的解决，都得益于她的一个得力助手——罗伯特·西尔弗曼（Robert A. Silvermann）——杰奎琳聘请的一位副校长兼首席财政官。

罗伯特曾经在房地产公司工作多年，熟谙房产的投资。来到埃莫森学院以后他负责了学校所有的建筑开发项目。罗伯特以他老练的投资经验判断，购买剧院区的房产将会是一项回报颇丰的方案。

"我们都知道我们不得不做一些不同寻常的事"，罗伯特说，"埃莫森有很多财务上的麻烦，普通的解决方法是不会奏效的。"他想出了一个让很多人瞠目结舌的方法——卖掉埃莫森在后湾区的资产，以购买剧院区的房屋。

当时埃莫森在后湾区的房产非常值钱，尽管董事会很清楚那里的校区已经不再适合学校教育的进一步发展，但是那几乎是埃莫森最后的家底了，一旦出售，埃莫森将一无所有，连杰奎琳都不确定这个方案是否行得通。但是罗伯特信心十足，他向董事会详细地阐释了学校该如何一步一步做成这件事，并把这种投资行为称作"汰旧换新"。罗伯特沉稳的举止和具有说服力的语言征服了董事会，他们选择了相信杰奎琳，相信罗伯特，也相信他们自己。

之后，事情的发展正如罗伯特所预料的那样，随着整个剧院区欣欣向荣的发展，埃莫森在那里的地产开始升值。董事会逐渐出售更多后湾区的资产，学校长久以来赤字的财政状态得到了改善。

就这样，埃莫森顺利度过了风险期，购买安信楼的试验获得了成功。杰奎琳说，在一系列计划的成功实施当中，董事会扮演了非常重要的角色，一直给予她极大的支持。但是这其中她最要感谢的还是罗伯特·西尔弗曼。

"如果没有他，我不可能做成这些事。"这是杰奎琳提到罗伯特时最常说的一句话。新校区的建设可谓历经曲折，尤其是安信楼的购买和重建。由于是第一座大楼，杰奎琳得到的支持可以说少得可怜，而罗伯特始终陪伴着杰奎琳参与了整个过程，并且给了她极大的帮助。

在安信楼即将建成的时候，杰奎琳和罗伯特一起去大楼巡视。那是一个炽热的八月，走在他们历经艰辛才建设完成的大楼里，杰奎琳和罗伯特的心情也如同这天气一样火热。新大楼将在九月投入使用，学校为它添置的很多家具都还没有拆封。他们走进一间教室，空旷的屋子堆满了大大小小的纸箱，透过窗户可以看到对面绿意盎然的波士顿公园。也不知是谁的提议，杰奎琳和罗伯特竟然开始动手拆开每一个箱子,把家具拿出来,一边把桌椅一一摆放好,一边想象着学生们第一次走进教室后兴奋的模样。

每每说到这个场景,杰奎琳都兴致十足——埃莫森学院的校长和副校长亲手布置了这所学校在剧院区的第一间教室。而这间教室,也见证了这对搭档长达二十多年的深厚友谊。

埃莫森学院教室

在购买安信楼之后,杰奎琳乘胜追击,买下了同样位于剧院区的小楼(Little Building)。小楼是20世纪初建造的办公楼,位于博伊尔斯顿大街80号,同样属于战后区房屋,价格和安信楼一样便宜得出奇。杰奎琳打算把小楼改建为住宿楼,在装修完成后,这座12层的大楼能为近750名学生提供住宿[①]。这样一来,学校就能把后

---

① 数据来源:埃莫森学院住宿与饮食部官方网站http://www.emerson.edu/student-life/housing-dining/residence-halls/little-building.

湾区两座最偏远最破败的宿舍楼卖掉了。

可以说，安信楼和小楼的购买与整修是埃莫森学院的重要转折点。新校区为学生提供了最好的学习环境和食宿条件，标志着学校实力的进一步巩固。埃莫森终于明确了自己的去向——学校将迁至剧院区，向市中心迈进！

杰奎琳心中最大的一块石头落了地，搬迁的事情有了眉目之后，其他一切问题都将迎刃而解了。杰奎琳成功地带领埃莫森克服重重难关，渐渐走出了阴霾，迎来全新的曙光。

小　楼

第二节　校区搬迁

埃莫森学院从最初的后湾区校区完全搬至剧院区共历时15年，安信楼和小楼的投入使用标志着埃莫森的搬迁计划迈出了第一步。

"我把庄严剧院、安信楼和小楼视作搬迁的第一阶段，它们的成功证明了我们可以也将会在剧院区重新繁荣起来。"正如杰奎琳所说，埃莫森通过搬迁的成功实施证明了自己。而在这之后，更多的惊喜也随之而来。

在购楼计划刚刚开始的时候，埃莫森没有获得一笔捐助。校友会和赞助商都认为学校前途渺茫，不愿伸出援手。但随着新校区建设的效果日渐突出，越来越多的人开始重新关注埃莫森。

最先站出来助杰奎琳一臂之力的是前董事会主席泰德·卡特勒（Ted Cutler）。在小楼投入使用之后，泰德去新校区探望杰奎琳。杰奎琳邀请他在小楼的餐厅用餐，在那里，他们可以一眼就望见安信楼。泰德对学校的变化惊叹不已，但他也深知这背后的不易。

"杰姬（杰姬是杰奎琳的简称），如果你现在只能做一件事，你会做什么？"

"你还记得学校的广播电台吗？"杰奎琳打趣地反问道，"现在它还在后湾区，我想把它搬到特里蒙特街的那座大楼，那样一来这里的每个人都能看到它，他们听到熟悉的音乐就知道它在这里。"杰奎琳知道埃莫森的每个人对那座广播电台都有着深厚的感情，把广播电台搬到市中心会让大家在新校区更有归属感。

"我会帮你实现的。"泰德微笑着对杰奎琳说道。

之后，泰德果然兑现了自己的承诺。他找了一些人共同出资，把后湾区的广播电台搬到了剧院区。

"这是我们没有花费学校的钱做成的第一件事。"杰奎琳对泰德的慷慨解囊感激不已。从这之后，大大小小的捐助接连而至，而埃莫森也终于摆脱了孤立无援的境地。

波比·布朗和史蒂芬·普罗弗科为埃莫森学院捐赠

与此同时,在学校内部,一些变化也在悄然发生。在杰奎琳最初决定要将埃莫森搬迁到剧院区的时候,学校里有不少质疑甚至反对的声音。但随着搬迁的顺利进行,这些声音渐渐地消失了。现在,已经没有人会再怀疑什么了。用杰奎琳的话说,"每个人都开始想要更多"。

而杰奎琳心中也早已经为下一步做好了打算。她想,如果学校要更好地发展,资源必须集中,这样说来,新的建筑一定要靠近特里蒙特街和庄严剧院一带,以便把学校的资产汇聚至市中心,成为一个整体。

于是,杰奎琳当机立断,在博伊尔斯顿大街陆续买进了两座大楼——联合银行大楼(Union Bank Building)和沃克楼(Walker Building)。至于这两座新建筑的用途,杰奎琳首先想到的是埃莫森的学术发展。目前新校区已经拥有了剧院、教学楼、行政办公室和宿舍楼,唯独没有为学术研究预留空间。本应走在最前沿的传播学院(School of Communication)还在偏远的后湾区,学院无法利用市中心的先进设施开展学术研究,专业课程的教授也受到限制。这一切都使得埃莫森的学术发展止步不前。所以,新的大楼必须为学术所用。

"第二阶段开始于联合银行大楼的购买,我们第一次把学术项目搬到了市中心。"大楼建成后,最先进驻的是传播学院和图书馆。虽然有很多学院都想最先搬过去,但传播学院无疑最需要新的设施和技术。而学术与技术的完美结合,也正是杰奎琳的初衷。

此后,其他的学院、学校所有的教室和办公室也陆续搬至新校区,只有三座宿舍楼还在后湾区,整个

沃克楼

搬迁计划已经完成了80%。此时的情况已经非常明朗了,只要为后湾区最后那三栋宿舍楼的学生在市中心安排好住宿,埃莫森的搬迁就能全部完成。

2003年,埃莫森获得批准在一块空地上建造宿舍楼。这块空地位于博伊尔斯顿大街的钢琴街区(Piano Row)。钢琴街区宿舍楼是一座融住宿与生活娱乐为一体的综合建筑设施。大楼大部分的区域被建设成宿舍区,能够为近600名教工和学生解决住宿[①];而剩下的空间则用来建设健身房等其他设施,供学生举办活动、娱乐消遣使用。

钢琴街区对埃莫森来说意义非凡,不仅仅因为大楼建成后学校的搬迁将全部完成,更重要的一点是,它是埃莫森历史上第一批全新的建筑。

钢琴街区

---

① 数据来源:埃莫森学院住宿与饮食部官方网站http://www.emerson.edu/student-life/housing-dining/residence-halls/piano-row.

一直以来，埃莫森购买的都是具有一定历史的老建筑，这就意味着学校只能对其进行保护性的修缮。如此一来，很多项目只能根据现有的空间做不得已的调整"瘦身"。这是杰奎琳不愿意看到的，因为她很清楚如此的"委曲求全"给学校教学和学术研究带来的影响。为此，她一直期待着有一天，学校能够根据自己的需要来创建合适的空间环境。

钢琴街区大楼使得杰奎琳的期待成为现实。"事实上，这将完美地解决学校近50年来，或者说自建校以来最重大的问题。"杰奎琳难以掩饰自己的激动之情。

这个时候，学生和教工们的心情是复杂的。在后湾区待了那么长的时间，他们对旧校区有着很深的感情。而现在，他们即将永远告别那片曾经的乐土，它很快就将不复存在，而它未来会是什么样子没有人知道。想到这里，师生们难免会陷入伤感的情绪之中。

为了稳定大家的情绪，杰奎琳和董事会不停地告诉学生："我们会成功，埃莫森会变得更好"。其实，教工和学生们心里都清楚，与后湾区相比，市中心无疑能带给他们更多。那里的校园都凝聚在一起，新修的大楼将更好地满足他们对专业课程的需要，最重要的是，他们距离传媒中心更近了。而这些，都是老校区不可能提供的。尽管依旧不舍，但他们知道，这是一段历史的结束，同时也是另一个时代的开始。

第三节　开疆拓土

在钢琴街区落成之后,埃莫森从后湾区到剧院区的搬迁已然完成了,但是杰奎琳并不就此止步。她认为现在正是埃莫森快速发展的时候,虽然学校已经全部搬到了剧院区,但还是有很多需求得不到满足。新校区还需要继续扩大。

身为一所艺术院校,又搬迁至波士顿的艺术中心剧院区,杰奎琳首先想到的就是抓住机会建设自己的剧院。这其中,最具标志性的当属卡特拉庄严剧院(Cultler Majestic Theatre)。

卡特拉庄严剧院

1983年，埃莫森买下了位于特里蒙特街的古撒克逊电影宫（the Old Saxon Movie Palace）。当时的电影宫已经十分陈旧和衰败，是同样萧条的剧院区的真实写照。埃莫森对剧院内部进行了翻修，并改名为庄严剧院。

新剧院在1989年重新开放，剧院里陈列展示着埃莫森学生的文艺创作成果，并成为了波士顿非盈利表演团体的基地。那个时候，埃莫森正在计划卖掉后湾区的资产，迁移到遥远的劳伦斯市。这个计划一旦成行，庄严剧院就将成为埃莫森在波士顿市中心的唯一资产，孤独地矗立在剧院区。

还好杰奎琳没有让这一切发生，相反地，她看准了庄严剧院的独特地位，决定把新校区建设在庄严剧院周围，把剧院打造成学校的中心。于是，在埃莫森最终决定搬迁到剧院区之后，杰奎琳就紧锣密鼓地再一次对庄严剧院进行装修，并专门在其后部建造了塔夫特表演与制作中心（Tufte Performance and Production Center）。

11层高的塔夫特表演与制作中心与庄严剧院紧紧相连，而它的使命也同它的地理位置一样，与庄严剧院有着千丝万缕、不可分割的联系。中心分为地上和地下两部分。地上的楼层设有最先进的电视演播室和编辑室，两座小型剧院，以及庄严剧院的拓展化妆间。中心的用途主要是为庄严剧院提供表演、生产制作区域，以及额外的后台区域。它的部分区域，还将同装修一新的庄严剧院一起对外开放，供社区举办活动使用。也就是说，塔夫特表演与制作中心的独特使命，就是为庄严剧院服务。

尽管是一座全新的建筑，又拥有最先进的技术和设施，但塔夫特中心并没有什么炫目的外表，反而略有些隐蔽，白天很难引起路人的注意,只有在夜里一部分灯亮起的时候,它才会借着夜色显现出来。这似乎也承袭了埃莫森一贯的建筑风格——外表低调内在却充满了活力。

2003年庄严剧院再度开放,此时的它已经焕然一新——赤褐色的外墙镶嵌着价值连城的彩色玻璃窗,但仍然保留了独特的历史风韵,就好像饱经沧桑的脸庞重新绽放了灿烂的笑容。在几度起起落落之后,它终于和100年前刚开放的时候一样光彩夺目,被人们称作"19世纪建筑里的21世纪剧院"。

卡特拉庄严剧院内部

杰奎琳将庄严剧院形容为"我们皇冠上的一颗宝石"。没有人会对杰奎琳的这句话有什么异议。对埃莫森而言,正如《波士顿环球报》所说的那样,庄严剧院"将提升它(埃莫森)在电视制作、表演艺术和其他传媒技术方面的指导能力"[1],它传递了这所学校的

---

[1] 参见社论:《埃莫森的转型》,载于《波士顿环球报》,2003年9月17日。

价值观和愿景。

而放眼整个剧院区,庄严剧院的地位也是举足轻重的。新英格兰地区众多一流的艺术表演团体都把庄严剧院设为常年的表演场地,他们全年为波士顿市民和游客表演精彩绝伦的文化和娱乐节目。2004年,庄严剧院获得美国国家重点保护单位的荣誉,前市长雷蒙德·弗林甚至将1989年4月26日定为埃莫森庄严剧院日。庄严剧院已经不仅仅是埃莫森的标志,而且是剧院区,甚至整个波士顿市的地标。

继庄严剧院之后,埃莫森开始加大力度投资大大小小的各色剧院。学校接连买下了克罗尼尔剧院(Colonial Theatre)和派拉蒙剧院(the Paramount Theater)以及剧院背后的资产,将这些古老的剧院改造成现代化的综合设施。

克罗尼尔剧院位于博伊尔斯顿大街100号,杰奎琳将剧院保留,而其余的部分改造为学生宿舍和图书馆。建成之后的克罗尼尔

埃莫森克罗尼尔剧院

大楼（Colonial Building）能为将近300人提供住宿①。

派拉蒙剧院是一所小型剧院，拥有550个座位。2005年，埃莫森以200万美元的价格买下剧院，正式进驻华盛顿街。之后，学校开始启动派拉蒙中心计划。新建成的派拉蒙中心建筑面积18000平方英尺，拥有8间面积大小不等的排练厅、能容纳125人的黑匣子剧场和200人的电影放映厅，以及摄影棚、现场工作间、教室、餐厅和教职工办公室。与此同时，它还能解决250名学生的住宿。②

在派拉蒙中心内，还设有以杰奎琳的名字命名的黑匣子剧场。黑匣子剧场用来为小规模的实验性和学术性作品提供排练和表演场地。命名为"杰奎琳·里博格特"，是埃莫森上上下下对杰奎琳杰出功绩的肯定和嘉奖。而这，也彰显了杰奎琳本人在埃莫森的重要地位。

然而，让很多人感到不解的是，为何杰奎琳如此热衷于将剧院改造成为能同时提供住宿的综合大楼呢？其实，这是杰奎琳计划的一部分，她想要通过这种方法达成自己的下一个目标——提高住宿率，将埃莫森打造成住宿学校。

在美国，很多高校都只提供少量的住宿，并且主要针对大一新生和国际交换生，因为他们刚刚进入一个新的环境，对周围的一切都还不熟悉，其他大部分的学生只能自己去校外寻找住所。埃莫森也是如此。

---

① 数据来源：埃莫森学院住宿与饮食部官方网站 http://www.emerson.edu/student-life/housing-dining/residence-halls/colonial-building.
② 参见卡罗尔·贝吉：《埃莫森登上中心舞台》，载于《波士顿环球报》，2005年12月18日。

派拉蒙中心

　　但杰奎琳认为,校园就是学生们学习、生活在一起的地方。很多在校学生都和学校的同学关系最为亲密,这种亲近的程度甚至胜过他们的家人。这其中,宿舍楼无疑是学生互动性最强,也是他们增进感情最好的地方。

而以埃莫森目前宿舍楼的情况，能不能保证低年级学生全部入住都还是一个问题。更何况，随着学校国际化交流活动的开展，越来越多的国际学生来到埃莫森交流学习，如何保证他们的住宿也是杰奎琳不得不考虑的问题。因此，她想尽一切办法建造宿舍楼，以保证埃莫森学生的住宿率在50%以上。这不仅是为了满足学生们的需求，也是为了实现杰奎琳自己的期望。而随着2009年派拉蒙中心正式对外开放，杰奎琳成功地实现了自己的目标。

埃莫森以惊人的速度蓬勃发展，在开拓波士顿校区的同时，杰奎琳还将触角延伸到了美国国内另一座极具魅力的城市——洛杉矶。

洛杉矶位于美国西海岸，是仅次于纽约的美国第二大城市，世界性的"娱乐之都"。更重要的是，它是全球的电影和娱乐中心好莱坞的所在地。因此，洛杉矶聚集了众多埃莫森的校友，也理所应当地成为了埃莫森学生心中最向往的地方。

从1986年开始，埃莫森每学期都会组织学生前往洛杉矶，在那里的电影工作室、媒体机构和其他相关企业进行专业实习。但是，由于学校在洛杉矶没有资产，学生们只能住在附近的企业公寓，安排的实习时间也相对较短。为此，埃莫森的管理层一直致力于在洛杉矶开发永久的基地。

2008年，学校终于在好莱坞日落大道（Sunset Boulevard）和戈登街（Gordon Street）交汇处购买了一块空地，计划建设洛杉矶中心。为了突出洛杉矶中心的独特地位，学校董事会决定一改埃莫森以往的建筑风格，把它建设成标志性的世界级建筑。

埃莫森学院洛杉矶中心

正当埃莫森踌躇满志地准备对洛杉矶中心进行设计规划的时候，当年购买安信楼时所遭遇的情况再一次发生了。

"我们很希望能成为社区的一部分，但是我们的邻居不同意。"杰奎琳无奈地说道。对当地社区来说，埃莫森更像是一个不速之客，因此他们对埃莫森充满了排斥的情绪。学校只得不停地与社区沟通，杰奎琳和董事们不厌其烦地强调说，他们的目标是帮助创建一个富有凝聚力的社区。经过两年艰难的协商，埃莫森终于被社区接纳，洛杉矶中心才得以动工。

十层楼高的洛杉矶中心优雅又时尚，杰奎琳用"美梦成真"来形容它的建成。的确，对很多人来说这是一次梦想成真的机会，尤其是埃莫森的学生。"这个新的中心给埃莫森的学生提供了与业界最出色的人才直接接触交流的渠道。每天，在埃莫森好莱坞中心每一英寸的土地上，都进行着创意活动、项目合作、会议、聚会、学习和拍摄。学生们会被推动着打破常规，成为各个专业领域的创造者。"埃莫森董事会成员之一、著名校友凯文·布莱特如是说。

其实，何止洛杉矶中心，埃莫森如今拥有的一切对杰奎琳来说都像梦境一样。在一系列扩张计划顺利实施之后，埃莫森终于成功地在波士顿市中心站稳了脚跟。

平日里，杰奎琳喜欢站在自己的办公室窗前，透过窗户，埃莫森的校园一览无余，印着学校名字的紫色和黄色飘带清晰可见。

"看着一座校园建立起来，学生们的需求增加，他们的才华得到了施展，这些都令人兴奋。"杰奎琳的嘴角露出动人的微笑，"我认为我们现在要比以前好得多。"

第八章　校长十八年（下）

"埃莫森的今天是大家集体力量的体现，我只是做了自己分内的事。"

第一节　学科建设

尽管已经在市中心拥有了不少的大楼和剧院，埃莫森学院却很难被人一眼辨认出来。在这个老建筑星罗密布的古老街区，学校外观陈旧的灰白色大楼与周围的建筑融为一体。新校区就这样隐匿在随处可见的咖啡馆、餐馆、旧书店和酒吧之中。在市中心，甚至找不到印有"埃莫森"字样的指向标，更别提像哈佛、麻省理工和波士顿大学一样拥有以学校名字命名的车站站点了。

这是杰奎琳起初就预见到的，埃莫森的新校园依托着剧院区这些历史悠久的建筑，也就注定了学校无法在外观上有什么夺人眼球的色彩。既然埃莫森无法在外部设施上独树一帜，那学校就只有突出自身的办学特色来让人们记住它了。因此，杰奎琳从很早开始就筹划着一次大刀阔斧的学术改革。随着新校区在市中心建立，学校原有的学术结构与新的空间环境矛盾日渐突出，杰奎琳知道，实施改革的最佳时机已经到来了。

1995年，在杰奎琳的带领下，埃莫森制定了自己的第一份战略规划。随后，为实施规划而组建的委员会正式成立，埃莫森的学术结构重组开始了。

在刚刚担任校长的时候，杰奎琳就已经明确了埃莫森的发展方向，那就是最前沿的传媒和艺术院校。而她的治学目标，就是为学生提供最好的传媒和艺术教育。在杰奎琳看来，埃莫森早就不是那所侧重表演和演讲的专业学院了。至少从她进入埃莫森的时候开始，媒介艺术就逐渐成为了学校最大，也是最吸引人的学院，尤其

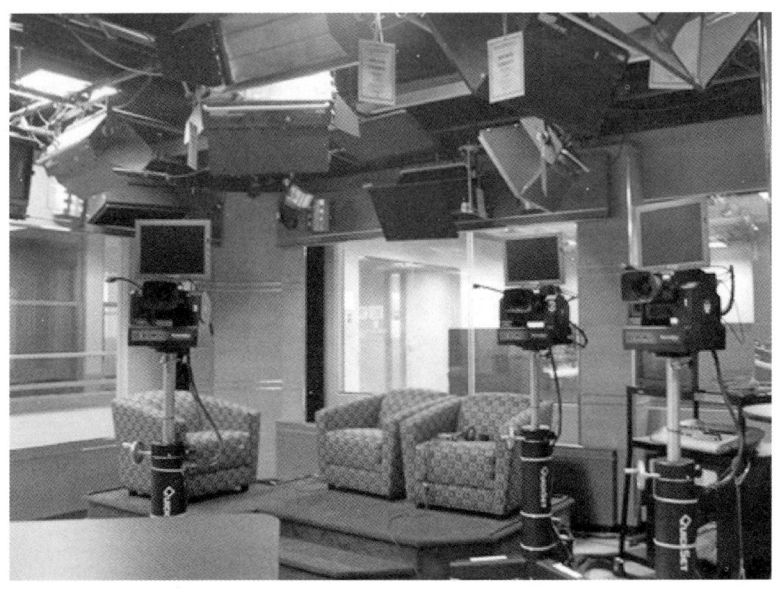

埃莫森学院演播室

是与电视相关的专业,受到了学生的强力追捧。传媒和艺术渐渐替代表演,成为埃莫森的力量源泉和优势所在。相较之下,表演艺术专业性强,门槛高,对空间和设施的要求很大,学科建设的费用也最为昂贵。综合考虑后,杰奎琳认为有必要把传媒和艺术单独划分出来,作为学校的发展重心。

于是,在实施规划委员会的推动下,三个全新的学院在埃莫森诞生。它们是艺术学院(the School of Arts)、传播学院(the School of Communication)和交流科学与障碍学院(the School of Communication Sciences and Disorders)。几年后,交流科学与障碍学院并入了传播学院,传播学院和艺术学院成为埃莫森最负盛名的两个院系。这两个学院均下设三至四个学系,这些学系的组建性质各不相同,有些是由原先的院系拆分而至,而有些则是全新设立的。

新学院在组建完成之后便理所当然地率先在新校区安了家,如此一来,学院便可以随时掌握传媒和艺术领域的最新动态。而埃莫森,也开始以全新的学术面貌向传媒和艺术界的最高峰迈进了。

其实,之所以侧重传媒而非表演艺术,杰奎琳还有另外的理由,那就是表演艺术最难与人文科学相融。

在从事教学和管理工作的时候杰奎琳发现,埃莫森的学生有一个普遍存在的问题,就是更注重专业知识的学习,而忽视了人文科学素质的培养。这是很容易理解的,因为大部分学生来埃莫森学习是为了毕业后找到一个好工作,而在他们眼中,良好的专业技能是找到好工作的关键。但是杰奎琳并不这么认为,她不希望埃莫森培养出来的是一群只会从事技术活的"苦力",她希望每一个埃莫森的学生都是全面发展的。因为她知道,未来的业界领袖一定需要具备很高的综合素质。

因此,她提议撤销人文与社会科学学院(the Division of Humanities and Social Sciences),把它拆分至以艺术学院和传播学院为主的其他学院,实施跨学科课程教育。"我们考虑将教员们调至主要的院系,从而使人文科学内容融入不同的专业并且能让教师的研究与我们的学生更为贴近。"

但是计划真正实施起来却不那么容易。一方面,人文科学学院相当庞大,所涉及的学科也非常广泛,如何进行拆分重组是一项十分繁杂的工作。另一方面,很多人文科学的教工不愿意进入新的院系,而有些其他学院的教员又不愿意接纳新同事。出于这两个原因,教工们对学术重组的争议甚至比当初的校区搬迁还要大。跨学科课程的建立困难重重。

事实上,杰奎琳知道教工们心里是渴望学术调整的。因为埃莫森已经进入了一个全新的环境,在原来的学术结构下教工们很难开展教学和研究工作。

也许,他们只是不知道自己会去哪里,和谁一起工作,所以感到困惑和迷茫,不愿意轻易地迈出那一步。只要能打消教工们的顾虑,让他们相信这样的调整有益于他们工作的开展,说不定他们就会欣然接受了呢?杰奎琳默默想道。

于是,她开始带领埃莫森管理层去说服每一个人文科学学院的教工,向他们详细说明学术重组将如何开展,他们会被调去哪个院系工作,以及这样做能为他们自己、学校和学生们带来什么。

一轮又一轮的游说之后,教工们终于同意了学校的重组计划。

学校根据教工们原先的职能安排他们前往职责相近的院系。比如，科学系的教工被调往交流科学与障碍系，因为这两个学科都以科学为基础支撑，学科教师对事物的看法和研究方法是相同的，可以更容易融洽地相处。实际的效果也证明，这样的方法是行之有效的。

跨学科重组迈出了艰难的第一步，而在之后的实施过程中，问题和挑战仍在接连不断地出现。

随着学术重组的进行，新的学术单位、学术项目和课程相继建立起来，原本只属于学院内部单独享有的教师和设备资源，现在被不同的院系共享。尤其是在跨系和跨学科的计划实行之后，院系之间和学科之间的合作变得尤为频繁，一件事往往需要两个甚至多个院系共同完成。因此，如何建立有效且易于理解的沟通合作程序，是跨学科计划开展面临的第一个挑战。

另一个挑战仍然与教工有关。虽然学术重组撤销了人文与社会科学院，但学院教师所教授的课程并没有随之取消。也就是说，许多教工在进入新的学院和学系之后，仍然在教授以前的课程。他们的工作该如何与新院系实现实质性的对接，也是学校不得不解决的问题。

为了集中解决跨学科课程计划所遭遇的困难，埃莫森于1997年成立了人文科学与跨学科研究中心（Institute for Liberal Arts and Interdisciplinary Studies）。研究中心成立之后，一切与跨学科课程有关的问题，都由它来负责协调，由此，跨学科工作也终于得以有条不紊地开展起来了。

跨学科课程的实施所带来的影响是深远的。它打破了旧的学术结构和学科领域界限，学科之间的交叉点越来越多，埃莫森的学术文化发生了重大的变化。而最大的受益者无疑是学生，他们不仅可以在专业课程中习得更多的通识知识，还可以根据自己的兴趣辅修第二学位。跨学科课程提高了学生选课的灵活性，并对他们业务能力的提升有很大的帮助。比如新闻专业的学生辅修了社会学，那么他就更容易在报道中注入社会学的视野，使得自己的报道更为多元和深刻。

而对埃莫森来说，从这个时候起，它成为了一所多方面授予学位的学校。用学校副教授罗伯特·科尔比（Robert Colby）的话说："突然之间，我们就和以前那所学校不同了。"有很多人认为，与硬件设施的改变相比，这次"周密的学术战略"更使得埃莫森变得与众不同。

这正是杰奎琳想要看到的："当人们谈到一所以人文科学与跨学科教育为支撑的传媒艺术学校，他们会把它视作独一无二的学校。"

第二节　师资力量

如今的埃莫森师资力量强大，其中不乏在业界声名显赫的人物。这些金光闪闪的名字甚至成了学校的"活招牌"，吸引众多学生慕名来到埃莫森求学。

然而，在杰奎琳刚刚担任校长的时候，埃莫森的教学队伍非但算不上强大，反而，由于学校情况的极度不稳定，很多教工都萌生了离开埃莫森的想法，更别提那些"明星"校友了。

这一切在杰奎琳开始校区搬迁后出现了转机。在迁往波士顿市中心之后，学校的发展步入正轨。优越的地理位置、现代化的校园环境和一流的教学设施，使得埃莫森成为了教学工作者们向往的高校，应聘者逐渐多了起来。对埃莫森来说，在经历了教学设施的全面更新和学术结构的重大调整之后，学校现有的教职人员，无论从数量还是质量上显然都无法满足需求。在这种情况下，杰奎琳立即着手从应聘者中挑选适合留在埃莫森的教师。

在接触管理工作之前，杰奎琳有过一段不短的执教生涯，作为一名教师，她做得非常出色。正因为如此，她对在埃莫森执教的老师有着严格的要求。在杰奎琳看来，作为教师最重要的，还是教学能力。

"教学能力是第一位的，没有什么比它更重要。其次是履历，要表明他们将来仍旧会是自身领域内多产的学者或艺术家。第三点没有那么明确，在招聘时也很难判断，就是他们能成为出色的工作伙伴和学生导师。"

不过，最终决定他们能不能留下任教的，是埃莫森的学生。对于那些有潜力进入埃莫森的教师，学校会要求他们试上一堂课。教工观察员将会随堂听课，并根据课后学生们的反馈对应聘教师做出评估，从而判断他们是否适合在埃莫森执教。

这种通过学生和其他教工的反馈来评估教学的程序是埃莫森后终身制评估（post-tenure review）的一部分。后终身制评估是一套定期、全面评估终身制教师的系统，与20世纪80年代早期的传统评估方式不同，它以五年为一个周期，持续不断地对授予终身职位的教师进行评估。这样一来，教师们即使被授予终身职位，也不是一劳永逸的。由于后终身评估制，教工们需要实时更新自己的职业生涯规划，调整教学和研究方案，这既有利于他们自身的可持续发展，对学校来说，又可以依靠它定期评估每一个终身制教师的表现，从而确保他们能够更好地履行自身的专业责任。

后终身责任制经由美国教授协会推广后为很多美国高校采纳，埃莫森就是其中之一。在埃莫森，教工可以被分为两类。占大多数的是已经获得学位的学术型教师，他们往往是某一专业的硕士或博士研究生，所教授的学科也与专业相关。另一类数量相对较少的，是某一领域的专业人员。他们可能并没有很高的学历，但都在各自的专业领域获得了优秀职业资格证书，因此专业技术能力毋庸置疑。

这些专业人员是杰奎琳针对埃莫森的实际情况，根据学校的

杰奎琳和知名校友凯文·布莱特（左）

独特使命招募的一群"特别"的教师。"随着学校的发展和变化，我们寻找能够运用新新技术教学的教师。"杰奎琳认为，技术的发展对教学影响巨大。这一点对20世纪90年代的传媒教育是不言而喻的，而对于致力于走在传媒领域最前沿的埃莫森而言更是如此。因此，能够紧跟时代发展结合最新技术进行教学的才能，是杰奎琳最希望在埃莫森的教师身上看到的。

在这个特殊的群体中，有一些人不但不容忽视，而且必须被放到显眼的位置上，那就是埃莫森的"明星"教师。

一直以来，杰奎琳都与埃莫森的校友们保持着良好的关系，并通过他们接触更多的业界人才。埃莫森的校友几乎遍布美国娱乐业的每一家顶级公司，如20世纪福克斯（20th Century Fox）和时代华纳（Time Warner）等。他们都是才华横溢的演员、导演、设计师和作家，是自己行业内部的中坚力量。在与这些校友交流的过程中，杰奎琳发现了他们对于教学的浓厚兴趣。"他们热爱教学，只要他们有时间"，这是她最直观的感受。

于是，杰奎琳开始邀请埃莫森众多成功的校友和其他优秀的业界人士来学校授课。这不仅可以为学生们提供弥足珍贵的行业资源，还可以很好地改善高校教育中容易出现的学界与业界脱轨的状况。

虽然这些知名校友一度因为埃莫森可能要迁往劳伦斯市而同学校关系冷淡，但在学校最终决定迁往市中心之后，他们开始对埃莫森恢复了信心。杰奎琳的邀请得到了热烈的回应，短短几年时间，自愿回到学校指导学生和分享行业经验的校友增加了近一倍。他们有些长期在学校授课，有些则定期开设讲座，为学生们带来最新的业界动态,分享宝贵的职业经验。

而他们愿意回到埃莫森执教的原因,无一例外是出于对杰奎琳的欣赏和肯定。正如凯文·布莱特所说的那样,是杰奎琳把埃莫森变成了和其他小型学校完全不同的大学。

第三节　学生教育

从当上校长的第一天起,杰奎琳就把学生教育视作最重要的事,而她后来所做的一切,也都是为了给埃莫森的学生提供最好的教育。"我们的工作就是提供给学生知识、技能以及帮助他们施展这些特质的环境。"

为了给学生创造最好的校园环境,杰奎琳把校区搬到了市中心;为了教授学生更全面的知识,杰奎琳推行了跨学科课程;同样的,为了帮助学生最好地掌握技能,为他们的职业生涯铺平道路,杰奎琳又聘请了专业人员和业界精英来埃莫森授课。这些变化吸引越来越多的学生来到埃莫森。在杰奎琳担任校长的18年间,埃莫森学院的申请入学人数增加了近三倍。

"最吸引学生的当然是学校的设施,"杰奎琳说。的确,埃莫森缔造的打破传统的城市校园对学生们极富吸引力,他们都很喜欢这样零散却又集中的"拼凑"起来的新校园。在市中心,他们可能会在路边偶遇自己的教授或倾慕已久的业界"偶像",也可以沐浴着波士顿公园暖人的阳光赶去教室上课,感受着城市生活与学生生活的交错,一切都是这么美好。"这个校园表明了什么是埃莫森,"这是学生内心的真实写照。

不过，学生们选择埃莫森的理由却不止于此。一位名叫亚夫（Yaffe）的学生说，他之所以选择埃莫森，是看中了学校的跨学科课程。亚夫是一名在喜剧界崭露头角的脱口秀演员，而他最喜欢的课程是戏剧理论、历史和政治。在亚夫看来，通识知识的储备会让他的表演更加精彩，能够帮助他实现自己的职业理想。事实上，对杰奎琳而言，实施学术重组并开设跨学科课程是她为埃莫森的学生教育做出的最大贡献。尤其人文科学与专业学科的结合，确保了学生专业学习的宽度和广度，帮助他们更全面地武装自己。

杰奎琳十分注重学生在校期间就培养他们各方面的知识和技能。她认为，当今世界已经不同了，它将成为学生们施展才华的平台，他们必须学会如何在这个变化的世界工作和生活，而在校期间就是学习这些技能最好的时期。

因此，杰奎琳推动了许多学生实习体验项目。以1995年夏季的华盛顿之行为例，在这次实践活动中，学生们实地参观了当地的政府机关以及重要的媒体机构，真切地接触、体验了传媒界的工作状况。这不仅让学生们的学习免于停留在理论层面，而且为他们提供了非常宝贵的实践学习机会。

经过在校期间的锻炼，埃莫森的学生在工作中充满了创造力、凝聚力和坚持不懈的毅力。杰奎琳说，埃莫森的学生都有着远大的理想与追求，他们致力于改变世界，而且他们也确实能够改变世界。

正因如此，杰奎琳非常注重埃莫森多元化教育的发展，尤其是拓展学生的国际视野。2002年多元化教育中心的建立标志着多元化成为埃莫森治学根基的一部分。

一座日本图书馆在埃莫森学院建成

早在20世纪50年代,埃莫森就已经开始关注学生的国际化教育,并组织学生参加国际夏令营活动。如今,学校更是开始重视与世界各地传媒院校、传媒机构的合作。在杰奎琳的带领下,埃莫森的外事交流活动丰富多彩,也常与亚洲的大学进行各个层次的交流互访活动,取得了极大成效。

杰奎琳本人曾几次到访中国,她表示非常喜欢古典与现代感兼备的中国城市,非常喜欢热情好客的中国人,尤其对中国学生的出色表现表示惊叹。而埃莫森也与中国传媒大学保持着良好的合作关系。

"中国传媒大学是传媒业的领军者,它与埃莫森非常相像,我们在各自的国家享有相似的声誉。"每年,两校都会进行教师和学生的交换项目。其中,最让她难以忘怀的是2008年的北京奥运会。

至今,杰奎琳还能回忆起当时的画面,埃莫森和中国传媒大学学生之间短暂而深厚的友谊深深地打动了她。

杰奎琳和中国大学生(2008年)

2008年夏天，30多名埃莫森的学生来到中国北京，参与北京奥运会奥林匹克新闻办公室的工作，而他们的住所，就设在中国传媒大学。

埃莫森的学生对中国有着浓厚的兴趣，为了能成功地申请到这个项目，很多学生还专门学习了汉语。在刚到中国的时候，他们对周围的一切都充满了好奇。可是一段时间之后，随着新奇感渐渐褪去，他们开始在这个陌生的国度感到无所适从，孤独和无助的感觉越来越强烈。这个时候，中国传媒大学学生开始频繁地和他们交流接触。他们邀请埃莫森的学生一起打乒乓球，并不时地关心他们的生活。渐渐地，埃莫森的学生们不再感到孤单和落寞，因为他们在中国拥有了新的朋友。

埃莫森学院的毕业季

杰奎琳说，对于埃莫森的学生而言，这次活动意义非凡。他们不仅拓宽了自己的视野，更重要的是跨越了文化差异。而这，恰恰是她最初希望他们能在国际交流活动中收获的。

杰奎琳就是这样心系学生，把埃莫森的学生当作自己的孩子一样关心和教育。她希望埃莫森的学生都是富有创造力、洋溢着青春激情的，同时又是实干的。学校不会给学生过多的压力，更多的是引导。

"大多数学生去大学寻找自己，而埃莫森的学生来这里做自己。"杰奎琳由衷地为埃莫森的学生骄傲。

第四节 工会去留

2003年，杰奎琳担任埃莫森的校长整整十年了。这年秋天的开学季，杰奎琳给了所有人一个"意外惊喜"。她向埃莫森全校师生宣布，学校管理层将会采取行动来反对教工工会。她说，学校管理层已经不希望继续他们与教工之间这种讨价还价的关系了，她给埃莫森的教工工会两个选择：要么保留工会，但停止干涉学校管理；要么就解散工会。

埃莫森的教工工会是美国大学教授协会（以下简称AAUP，the American Association of University Professors）的分会，代表埃莫森全体教工。早在1975年，学校管理层与教授之间就起过冲突，那场冲突的中心问题是是否应该组建教工工会。当时，杰奎琳还只是言语学专业的一名年轻教授。在学校管理层反对组建教工工会的情况下，杰奎琳坚定地支持教授们，她为工会投了一票，成为工会的主要协商代表，并帮助制定了两份合同。最终工会获得了胜利，埃莫森教工工会也得以正式成立。

30年后，杰奎琳再次处于学校管理层和工会冲突的中心，但这一次，她代表的是管理层。如果说30年前杰奎琳是出于维护教工权益的目的站在工会的一边，那么这一次她选择与工会对立，则是为了学校未来的发展。

在工会刚刚成立的时候，埃莫森的财政状况很不稳定，教工们薪资微薄。而工会的主要职责就是代表教工们与学校管理层进行协商，以争取更高的薪水和福利。工会的工作取得了显著的成效，在杰奎琳走上管理岗位的时候，埃莫森教工的工资已经在美国教授协会的排名中名列前茅。

但是，随着薪资问题的解决，工会的性质开始悄然发生了变化。在杰奎琳成为校长之后，她发现，工会开始越来越多地对学校的管理问题指手画脚。他们不仅要求参与协商埃莫森的学术政策问题，甚至对学校负责学术事务的副校长的提名和任期发表意见。更令人担忧的是，权钱交易开始在一些院系出现。这些院系负责人的任命已经不再像原来一样由大家的商讨来决定，而是取决于谁在交易中占据最大的主动。

这是杰奎琳绝不能容忍的。在她眼中，学术必须是纯粹的，不能够掺杂金钱和利益。况且，所谓"上梁不正下梁歪"，她很担心教工之间不良的风气会影响到埃莫森的学生。因此，她给工会下达了最后通牒。

杰奎琳的决定得到了学校董事会的支持，他们考虑得更多的，是埃莫森在全美高校中的竞争力。

杰奎琳和埃莫森学院董事会成员

1980年,最高法院颁布决议,表明学校教授没有权力在私立学校组建工会,并指出,参与管理决策的教工将不受国家劳动关系法案(the National Labor Relations Act)的保护。决议实施后,许多私立学校解散了工会。到2003年,全美只剩10%的私立学校还存在教工工会,而埃莫森就是其中之一。①

工会对学校管理问题的过度干涉,阻碍了埃莫森与其他同性质院校之间的竞争。埃莫森的管理层认为,教工工会已经变得敌对和政治化,如果不对其采取措施,埃莫森在全国小型艺术院校中的地位将会受到很大的影响。

但是,埃莫森的教工们却似乎并不买杰奎琳和董事会的账。他们先后两次对杰奎琳进行不信任投票,并以压倒性的票数表明

---

① 参见艾利克斯·比姆:《在埃莫森,他们唱响工会蓝调》,载于《波士顿环球报》,2003年11月18日。

对杰奎琳丧失信心。他们甚至还公开投票要求杰奎琳辞职,目的是向校方施压,以改变学校管理层和其对待教工的方式。

不光是教工们,部分学生也站在杰奎琳的对立面。在一场埃莫森学生与管理者的公开座谈会上,一个名叫迈克的高年级学生要求杰奎琳辞职。迈克是工会的积极支持者,他在与老师们的交流中得知,由于新的合同迟迟定不下来,他们打算离开埃莫森。

"我来埃莫森的理由就是这里的老师。"迈克这样说道,因此他坚定地支持教工们。

"好吧,迈克,你知道学校的宗旨就是要教学生'与激情沟通',在你身上,我们很显然已经成功做到了",杰奎琳回应道,"我不打算辞职,没有理由让我这样做,我还有很多事情没有完成。"

其实,杰奎琳并不想和教工们闹得这么僵。她的要求很简单,一是将有关学术政策问题协商的内容从合同中移除,二是制定教工工作守则,规范教工们的行为。简单地说,就是希望教工们能专心教学和研究,而不要对学校的管理问题过多地干涉。

于是,杰奎琳开始就此事认真与工会交涉。交涉的过程相当漫长,也异常艰难。直到现在,杰奎琳还是只能通过不停地重复"那真是太难了"来描述当时的情形。

所幸,杰奎琳的一番努力没有白费,教工工会和学校管理层又重新坐上了谈判桌。在协商会议开始之前,杰奎琳向所有人表明了自己的态度和立场。她说,尽管在很多问题上双方依然存在很大的争议,但是大家的目标从来都是一致的,就是协商出一个让管理层和教工都能接受的合同和协议。因此,管理层愿意在非底线问题上作出让步,希望教工工会也可以适当作出妥协,不要再让双方的谈判陷入僵局,这是谁都不愿意看到的结果。

杰奎琳真挚的言语打动了每一个人。最终,双方达成一致意见——一方面保留工会,教工的薪资问题仍由工会出面协商;另一方面,由校方牵头制定工作守则,守则出台之后,所有的教工都要遵守上面的规定。

尽管很多人都认杰奎琳成为了最后的赢家,在与教工的斡旋中获得了胜利,但杰奎琳却不想用"胜利"两个字来形容这场"战斗"的结局。毕竟,杰奎琳最在乎的从来都不是输赢,而是能与全校的教工一起为埃莫森求得更好的发展。

"对于我来说,这个结果是我所希望的。尽管这是一个漫长又痛苦的过程。"

第五节　成功转型

早在20世纪80年代,埃莫森的管理层就已经意识到了学校需要转变形象。但直到21世纪初,学校才在杰奎琳的带领下实现了最初的愿景,从一所名不见经传的小型传媒艺术院校,成长为如今这个各项指标已接近顶尖水准的国际性院校,并在美国传媒业界有着公认的举足轻重的地位。

"我认为我做得非常出色,我对埃莫森很了解,看着它发展起来是一件很棒的事。"是杰奎琳将校区搬到了波士顿市中心,使埃莫森成为了一所时髦的城市大学;是她重组了学术结构,为埃莫森创造了独一无二的办学特色,帮助学校在众多小型院校中脱颖而出；也是她，为埃莫森重新赢得了声誉和校友的支持，使得学生们获得了梦寐以求的交流和实习机会。

无论是外界还是学校内部，都把搬迁视作杰奎琳最突出的功绩。不仅因为这是学校一系列转变的开始，更是由于埃莫森的搬迁和校园建设在使学校自身的发展更上一层楼的同时，还深刻地影响着它所在的剧院区，乃至整个波士顿市。

在埃莫森来到剧院区之前，这片曾经的战争区无人问津，充斥着声名狼藉的红灯区、低俗成人商店和暴力犯罪。1970年，阿林顿街和华盛顿街之间大约40英亩的土地被指定为联邦城市复兴区。这使得波士顿市获得了特权和财力来进行战后区的重建，实现这一区域的复兴。这片复兴区后来被转让给私人开发商。20世纪80年代后期，四季酒店（Four Seasons Hotel）和遗产豪华公寓（Heritage Luxury Condominiums）在博伊尔斯顿大街开张，这片区域的情况已经有所改善。在这个时候，埃莫森做出了第一个明智的选择，就是以低价买进了庄严剧院。

到90年代初，埃莫森的搬迁已经迫在眉睫。这个时候，杰奎琳刚刚开始担任代理校长，她和财政官罗伯特·西尔弗曼看到了剧院区的商机。多多少少带着赌一把的心态，在杰奎琳的带领下，埃莫森抵押和出售不动产，开始在剧院区购买楼房。

可以说，这一举动既是机遇也是挑战。由于剧院区的荒凉，埃莫森才得以以近乎大萧条时期的价格购买房产。但是如果剧院区不能复兴，致使这里的房产价值无法回升，已经孤注一掷的埃莫森就很有可能走入死穴。

不得不说，多亏了罗伯特独到准确的先见之明和杰奎琳非同一般的魄力胆识,埃莫森抓住了这个机遇。在埃莫森"试水"成功之后,剧院区开始吸引真正的房地产开发商和投资商重回这里。市中心的经济开始好转,到90年代末的时候实现了全面的复苏,成为了极受欢迎的区域。

波士顿剧院区夜景

21世纪初，价值5亿美元占地1.8亿平方英尺的千禧广场（Millennium Place）建在了博伊尔斯顿大街。它所拥有的豪华公寓、酒店、健身会所和电影院为剧院区树立了一个新的标杆。剧院区的房价继续回升，罗伯特再次抓住时机，卖出埃莫森原先位于后湾区灯塔街的房产。这处房产卖出时的价格，已经达到了每平方英尺250美元。正是由于这一系列成功的投资行为，埃莫森如今已经被视作波士顿精明的交易者。①

很难说清到底是埃莫森的到来带动了剧院区的复兴，还是剧院区的发展带动了埃莫森的繁荣。也许这就是一个相辅相成的共赢结果。

"它（埃莫森）抬高了建筑物的价值。"

"这对波士顿来说太棒了……学校在后湾区不可能获得足够的空间，但是通过卖掉那处房产，它能够在波士顿公园区拥有独特的位置。对这座城市来说，他们带来了生命力，帮助消除充满犯罪的市中心，空出了后湾区的房产使之恢复税收，并且赋予了波士顿一个新的标志：庄严剧院。"

"埃莫森是第一个看到附近地区潜力的；毕竟，只有一个波士顿公园……1992年，这附近都是空置的店面和脏乱的街道，但是埃莫森学生们的出现让它重新恢复平衡，并使它成为人们脑海地图中想去的地方。"

埃莫森学院通过努力获得的喜人成绩赢得了来自媒体、政府及企业各界的赞扬喝彩。2003年，《波士顿环球报》曾以"埃莫森

---

① 参见苏珊·戴森豪斯：《埃莫森在市中心成为焦点》，载于《波士顿环球报》，2003年7月19日。

学院的成功转型"为题发表社论;2006年《波士顿环球》杂志以"埃莫森学院走出阴影"为封面故事,肯定了埃莫森学院在波士顿高等教育领域中的重要地位。

"而这一切故事的背后,大家都应该记住杰奎琳·里博格特这个名字。"埃莫森学院董事会主席皮特·米德(Peter Mead)在接受采访时如是说,"杰奎琳的功绩在埃莫森学院的历史上是前所未有的。她为继任者打下了坚实的基础。埃莫森学院的每一位成员都将永远记住这位卓越的女性。"

杰奎琳

第九章　同事眼中的杰奎琳

"是杰奎琳改变了埃莫森，让埃莫森变得更加强大，这一点毋庸置疑，为她赢得了众人的信赖。"

美国前国务卿基辛格（Henry Kissenger）曾感慨："领导就是要带领人们，从他们现在的地方，去他们还没有去过的地方。"领导，是一个组织的核心，甚至是灵魂；他带领组织前行，决定着组织的命运。常言道，不想当将军的士兵不是好士兵。当领导、做决策，是很多人的梦想和目标。

但是，何谓一个合格的好领导？关于领导力（Leadership Challenge）的研究起源于19世纪末。早期研究偏重于分析领导者的人格特质和行为，从19世纪末20世纪初的领导特质理论，到20世纪40年代后的领导行为理论，都是这一时期的典型代表。进入60年代，研究开始逐步扩展到整个组织情境的交互影响，最为人所熟知的是领导权变理论（情境理论），它着重研究与领导行为有关的情境因素对领导效力的潜在影响,以及之后的领导归因理论,交易型与转化型理论等,都彰显了领导力研究一个多世纪以来的发展变化。

尽管学界研究目前难以对领导力准确定义,但如今普遍流行的说法是,领导力意味着一系列行为的组合,这些行为会激励人们跟随领导去要去的地方,并非简单的服从。可见,领导力不仅是一种业务能力,更是一种内在修养和气质;它存在于各个领域和各个层次,小到家庭,跨国上市公司,大到国家领导人。正如沃伦·班尼斯(Warren Bennis)所言,"领导力就像美,它难以定义,但当你看到时,你就知道。"

虽然几个简单的形容词绝不能定义领导力,但一个好的领导者应具备的某些基本素养是为社会所达成共识的:自信、果敢、乐观、有毅力、善于沟通、卓越的判断力……关于领导力的研究,并非是要去打造某种通用的领导形象范本,而是以此激发和寻找隐藏在人们内心的领袖气质。就像约翰·科特(John Kurt)所说,"我不认为领导能力是能够教出来的,但我们可以帮助人们去发现,并挖掘自己所具备的领导潜能。"

展示领袖气质,挖掘他人领袖才华,这是一个好领导所必备的品质;这也是杰奎琳作为埃莫森学院的领航者,在近20年的校长生涯中努力践行的。

第一节 "她是善交际的女强人,贤惠的好妻子"

戴维·罗森(David Rosen),毕业于波士顿大学传播学专业,曾任埃莫森学院副校长,分管对外宣传、公共关系等事务。戴维·罗森有着25年丰富的宣传管理实践经验,精通于公共关系、公共事务、战略沟通、营销传播等领域。

戴维·罗森和杰奎琳结识于1999年。当时身为埃莫森学院校长的杰奎琳,亲自面试戴维后,任命他为埃莫森学院副校长,分管公共关系事务。

"第一次见到杰奎琳,我觉得她是一个特别安静、细腻、说话柔和温婉的人。"戴维笑着回忆道。

不过,随着后来的接触,这一印象慢慢被颠覆了。

"杰奎琳虽然看起来显得有些娇小,但她非常爽朗、直率,口才很好、做事果敢。她有着非常聪明的头脑和坚定的目标,是一个很有责任心、很有远见的领导者。她尤为重视学校的公关事务和对外交流项目,她本身也是一个非常善于与人相处的人,有着很强的个人魅力和交际能力。她不仅全身心地关注学生利益,也关心着每一个员工、投资人、委托人、家长、校友的诉求。"

杰奎琳和埃莫森学院的大学生们

戴维说让他印象最深的就是，每次有员工生病，杰奎琳一定会亲自前往医院慰问，也常常亲自和学生家长进行沟通。每逢节假日，她会主动给投资者、校友、老员工寄送礼物和明信片。

"她一定会在你遇到困难的时候给你充分的信任和强有力的支持。"戴维欣赏并感谢杰奎琳的帮助，"她不仅为人友善热情，而且善于维持人际关系，无论是工作关系还是私人交情。她给了我很多帮助，她广博的人脉资源更为埃莫森学院的发展创造了很多机遇。"

"领导者们要建立沟通之桥。"这早已成为领导力研究的黄金准则。领导，不仅是一个组织或团队的决策者，更是一个协调者。团队是否健全、系统是否正常、组织是否科学取决于各成员间能否协调配合，而要达到协调配合，关键在于领导者和其他成员之间的积极互动，要能促使行动双方产生良性互动，化解矛盾达成统一的认识、情感和行为活动。这是领导力正确发挥的必要条件。

显然，谈吐有方、善于沟通是杰奎琳成功的关键因素。凭借着出色的社交能力和独特的个人魅力，她为自己和埃莫森都赢得了宝贵的机遇。懂得说话的艺术，不仅提升了她自身的修养，更积攒了团队人气，拓宽了社会人脉。

经过杰奎琳和同事们的共同努力，埃莫森学院也在一步步拓展和扩大着自己的资源网。如今埃莫森学院已和世界多国、多地区的院校或协会建立了广泛的合作和交流实践基地。据悉，埃莫森学院已和伯克利音乐学院（Berklee College of Music）、伦敦阿卡迪亚大学国际研究学院（Arcadia University College of Global Studies）建立起合作教学基地，每年埃莫森的学生都可申请赴两校

中国传媒大学代表团访问埃莫森学院

进行交流学习,共享学分。

2011年,埃莫森学院和位于北京的中国传媒大学开始合作项目,两校每年互派学生和老师分别赴北京和波士顿进行友好交流。

除此之外,埃莫森学院还与世界各地的友好协会共同举办多种暑期实践项目,学生既可赴日本、印度等地进行亚洲文化的考察学习,也可去德国、荷兰等地实地考察欧洲古堡等。

埃莫森学院的发展令人瞩目,也让杰奎琳在长达18年的校长生涯中,尽管面对质疑和争论,依然赢得了极高的个人声誉和极好的口碑。

由于"强悍"的行事风格以及前卫的改革理念,很多老员工对杰奎琳抱着某种"又爱又恨"的复杂情感。

"一方面,他们佩服杰奎琳的胆识和专业造诣;但另一方面,在杰奎琳不断创新的管理模式下,他们曾经的核心领导地位在不断变革中被动摇了,他们自身的发展、利益不可避免地受到了威胁。而对一批批新青年教师而言,他们确实更喜欢也更适应杰奎琳的管理风格。"

戴维说,学校内以及社会上对于杰奎琳的看法也颇有争议,而杰奎琳从不避讳这些争议。他强调,无论大家对杰奎琳的个人情感到底如何,没有人能否认她高超的领导力、精湛的学术能力、准确的判断力以及令人佩服的魄力。

"是杰奎琳改变了埃莫森,让埃莫森变得更加强大,这一点毋庸置疑,使她赢得了众人的信赖。"戴维肯定地说到。

十多年的相处共事不仅让戴维和杰奎琳成为默契的工作搭档,也让他们成为亲密无间的好友。直到现在,戴维和杰奎琳两家人依然经常在一起吃饭聚会。戴维说,在工作中,杰奎琳是一个全身心投入的事业型女强人,但在家庭生活中,她绝对是个顾家的好妻子、好母亲、好祖母,她将所有的闲暇时间都投入到家庭生活中,喜欢和孩子们一起做饭聚餐,和丈夫哈维周游世界更是她最大的爱好。

戴维表示,"女强人"杰奎琳工作之余的生活简单充实,家庭永远是一切的核心,美满的婚姻生活更成为她事业上最重要的助力。这一点,笔者在对杰奎琳的访谈中亦曾发觉——"我最感谢的就是我的丈夫和我的家庭"是她在接受采访中说得最多的一句话。

第二节 "她是随性率真的朋友，果敢自信的领导者"

梅利·本苏曾（Melia Bensussen），1984年毕业于美国布朗大学戏剧文学专业，现任埃莫森学院表演艺术学系（Performing Arts Department）系主任一职。梅利有着丰富的表演艺术、编剧、编导等经验，曾多次在亨廷顿剧院、梅里马克话剧院、巴尔的摩剧院、哈特福剧团、俄勒冈莎士比亚戏剧节、拉霍亚剧场纽约莎士比亚戏剧节等地进行演出指导。她曾于1999年荣获奥比奖最佳导演奖（Obie Award for Excellence in Directing），于2010年获得百老汇世界最佳导演奖（Broadway World Best Director），亲自指导的作品《随心所欲》（*Twelfth Night at ASP*）荣获2012年爱略特诺顿奖（Eliot Norton Award）最佳制作奖。

梅利·本苏曾是埃莫森学院表演艺术系的系主任。13年前的一次面试，让梅利与杰奎琳就此结缘。时至今日，第一次面试的场景，梅利依然历历在目。

"我在网上看到埃莫森学院的招聘信息，提交了简历申请，最后很幸运地进入到面试环节。当时通知我们面试地点就在杰奎琳办公室。那天我非常紧张，真不知道是怎么一步步挪到杰奎琳办公室的。反正一路走一路一直在想她到底会是个什么样的人,会不会很严肃,是不是很刁钻……直到进入杰奎琳的办公室,我的手心都是冷汗,我想我的腿当时抖得应该很厉害。"

杰奎琳显然看出了梅利的不安,她亲手将一把皮质软椅推到梅利面前,微笑地请她入座。

"那真是一把舒服的大摇椅,坐下来整个人瞬间感觉放松了很多。杰奎琳走到我对面的小咖啡桌旁顺势坐下,非常随意地脱掉了自己的鞋子,把它们踢到桌下,然后整个人舒舒服服地倒在了自己的办公椅上。那一瞬间,我恍惚觉得这哪里是什么面试,分明是两个朋友在促膝长谈,之前的不安和忐忑一扫而光,感觉真的好极了。"

躺在椅子中的杰奎琳微笑着开始了她的提问,"来跟我说说你是个什么样的人吧","你觉得埃莫森怎么样"……

整个面试进行得非常顺利。梅利跟杰奎琳介绍了自己的情况,并且着重阐述了她对表演艺术的热爱和追求。梅利回忆时笑着说道,"杰奎琳始终直视着我,非常认真听我讲话,拿着一支笔仔细记录着。她一直面带着亲切、温暖的笑容,在随意和自然中透着一种端庄大气的威严。她会时不时地补充问我几句,眼神中闪烁着强烈的好奇。我滔滔不绝地谈论着自己对艺术的理解和认知,越说越兴奋,感觉坐在面前的是一位相见恨晚的知音。"

梅利不知道自己到底说了多久,直到杰奎琳的一句话打断了她,"那你对表演艺术系的工作感兴趣吗?"说这话时,杰奎琳依旧面带微笑躺在椅子上,不紧不慢地轻声问道。

就这样我如愿成为了一名埃莫森学院的专业教师,直到今天成为系主任。梅利说这一切也许都是缘分。也是从那一天起,杰奎琳成了梅利一辈子的良师益友。"她那一天的随性、亲切、开放以及无与伦比的个人魅力让我一直难忘。"

加入埃莫森学院之后的日子是忙碌而充实的,梅利也在一次次会议和合作中认识到了一个不一样的杰奎琳。

"杰奎琳是一个随性的人,生活中往往不拘小节,但在工作中绝对是个严谨果敢、雷厉风行的女强人。每周的例行工作会议,对我们来说可绝非简单的工作汇报。杰奎琳总是能冷不丁地提出很多意想不到的问题,一针见血地指出被我们忽视的细节和漏洞。绝对不要奢望去糊弄杰奎琳,她总能比你想到更多,总感觉比你知道得更多。每一次工作会议之前,我往往通宵达旦地准备很久,每一次会议对我来说都是一次充实自我的过程。这么多年来我一直感觉,杰奎琳在做每一个决定之时,早已经认清了现状并看到了未来。这是她的性格,是她的本事,不得不让人佩服。"

梅利在埃莫森学院的工作中一步步成长,也在无形中被杰奎琳的真挚感染着。虽然时隔

梅利与杰奎琳

多年,但梅利一直清楚地记得她第一次和杰奎琳去纽约开会的经历。那时候梅利还只是一名普通的讲师,杰奎琳邀请她一同去纽约大学接见一位学校的投资方。

整整一天的行程中,杰奎琳不断地询问梅利关于此次投资项目以及教学工作的想法。作为一个初入职场的年轻教师,梅利很紧张,也很兴奋。

"杰奎琳非常真诚,让我感觉无所顾忌。我毫无保留地跟她谈论我的设想、困难甚至开始抱怨,以至于后来我完全忘记了自己面对的是一位领导,而感觉像是和一位老朋友在发牢骚。她一直很耐心地听着。直到后来我才慢慢发现,虽然她当时并未多说什么,却默默地记下了我不成熟的建议和担忧顾虑,慢慢地将问题逐个解决了。"

"杰奎琳似乎和任何人都能营造出一种平等的交流感和尊重感,她善于倾听,同时有着超强的行动力。和杰奎琳一起工作,永远不用担心说错话,永远不会被'忽视',她的真诚打动了很多人,她公平的处事原则影响了很多人,也改变了埃莫森。"

梅利刚进入埃莫森工作的时候,学校的硬件设施很不好。她的第一间办公室是一个非常低矮狭窄的旧阁楼。教室大多陈旧窄小,学生们起身走动就能撞到墙壁或天花板。所有人都怨声载道。

而谁也没想到,面对众人的抱怨和无奈,杰奎琳默默为此做着努力。

多年后,现代化的塔夫特表演与制作中心拔地而起,漂亮的派拉蒙中心和卡特拉庄严剧院被翻修一新。如今,地处波士顿黄金地区的埃莫森学院,以高质量的教学设施和硬件设备而闻名。埃莫森学院1995年就创立了自己的新媒体研究中心，目前拥有全美最大的影视后期制作基地，集音效、视频、图形、数据处理于一体；埃莫森学院目前也拥有独立的调频电台和闭路电视，学生可自助进行节目的采编和传送。

高端的现代化学生宿舍更为学生们营造了温馨的生活环境。埃莫森学院共有四处学生宿舍楼，分别是"小楼"，"钢琴街区"，"克罗尼尔大楼"和"派拉蒙中心公寓区"。四栋学生公寓紧紧围绕在主教学楼周围，毗邻波士顿公园和繁华的购物区。学生公寓安全舒适，12层的"小楼"并非物如其名，能容纳近800名学生，地下一层健身房全天开放供学生使用，二层宽敞的自助食堂提供西式、中式等多种风味美食，每层均配备有公共休息室和全自动洗衣房。与"小楼"几街之隔的"钢琴街区"能接纳500多名学生，公寓楼内配有咖啡厅、甜品站等供学生休闲娱乐的场所，地下的公共区域也是众多社团的集会首选地。"克罗尼尔大楼"和"派拉蒙中心公寓区"相对规模较小，但内部现代化设施完善。

从连教室课桌都破败不堪的小学校，发展到如今现代化设施俱全的新型校区，埃莫森学院的崛起凝聚着杰奎琳和同事们太多太多的心血。

"她将梦想、激情、旺盛的精力转化到一件件具体的工作中，不声不响地将困难个个击破。"梅利感慨道。

踏入埃莫森学院的梅利工作顺利、满足甚至醉心于自己日常的生活，本以为日子会日复一日地重复下去，但平静的工作却再次因为杰奎琳而发生了转变。

有一天,杰奎琳叫梅利去办公室找她,梅利刚刚踏入校长办公室的门,就听到杰奎琳开门见山地发问,"我觉得你可以试着申请下系主任的职务,你觉得呢?"

这一单刀直入的问题完全出乎梅利的意料,"我当时一下就愣住了,接着赶快支支吾吾地拒绝了。说实话,我当时做梦也没有想过自己可以当系主任。但杰奎琳并未就此放弃,她后来不断地给我打电话,发邮件给我,鼓励我去试一试。"

"她就是那种不断逼迫自己前进,也不断鞭策你前进的人。跟杰奎琳在一起,你会感受到压力,但更多的是被她身上勇往直前、毫无畏惧的勇气所感染。她总能不断激发下属们的潜能,帮助你不断树立前进的目标,给你勇气、鼓励和信任。在杰奎琳的字典中,从来就没有"恐惧"这两个字。她总是能在困境中寻找到希望,总能给你不断挑战自我的勇气。对我而言,杰奎琳不只是一位可敬可亲的领导,更是一个对我一生影响深远的人生导师。她浑身充满了自信和勇气,并将这一切带给你,也影响着埃莫森学院。"

在和我们谈起杰奎琳的时候,梅利仍旧陶醉在昔日一同创业的氛围中,对杰奎琳充满了由衷的赞许与感谢。

自信者胜,这是优秀领导者的不二准则。"正能量"这个时代热词,用在领导力的研究中也恰如其分。自信是领导力研究永恒的话题,传递正能量,是成功的捷径。杰奎琳,用信心鼓励自己,也激励着他人,展现出一位阳光领导者的魅力。

第三节 "她改变了我，改变了埃莫森，也改变了波士顿剧院区"

芭芭拉·鲁特贝里（Barbara Rutberg）（左）是埃莫森学院的协理副校长，分管学校的公共发展及校友联络事务。

芭芭拉·鲁特贝里是埃莫森学院的协理副校长。30年前，当芭芭拉还是埃莫森的一名在校学生时，她就结识了杰奎琳。

当时，杰奎琳正在给芭芭拉所在的年级讲授《传播科学与失调综合课程》（Comprehensive Course in Communication Science and Disorders）。对初次相见时的场景，芭芭拉至今记忆犹新。

"那天是第一次上杰奎琳的课，记得她给我们分享她在临床作实验的经历，讲解如何帮助那些患儿康复，我们听得如痴如醉。"

杰奎琳的课永远座无虚席，她的风趣幽默、专业的实践经验、前沿的专业知识吸引着所有人。杰奎琳的课信息量很大，不仅理论知识深奥,而且丰富的案例生动精彩。

"对我而言,她不仅仅作为一名老师丰富了我的知识,帮助我顺利地通过了全国资格考试,更为我今后的职业发展确定了目标,我从那时起就立志,要成为一个像杰奎琳那样的好老师。"说到这里,芭芭拉兴奋起来,那神情仿佛回到了学生时代。

从埃莫森学院毕业后,芭芭拉留校成为了一名老师。从一名刚毕业的学生成长为一位优秀的教师并不是件容易的事情,杰奎琳的无私帮助让芭芭拉备受感动,杰奎琳的专业精神更令芭芭拉佩服之至。

当时学校分配芭芭拉教授一门研究生课程,这让没有任何授课经验的她急成了热锅上的蚂蚁。因为对多数高校教师而言,第一门课通常会从本科基础课教起,直接讲授研究生专业课的确是一项相当大的挑战。于是,在这个严峻的时刻,芭芭拉第一时间想到了杰奎琳,希望她能成为自己的授课指导教师(mentor)。不过当时杰奎琳自己授课压力很大,同时又需要从事行政工作,芭芭拉并没有抱太大希望。但令她没想到的是,杰奎琳热情慷慨地答应了。

"杰奎琳帮我改教案,指导我备课,跟我分享了很多她自己的教学经验。杰奎琳对待教学工作非常认真,经常自己不断总结,然后和你分享,既指导你也聆听你的意见。杰奎琳一直就是这样一个热情、无私的人,永远有用不完的精力,永远愿意和你分享她的一切。直到今日,我始终认为杰奎琳是对我学术生涯和职业历程中影响最大的一个人!"

"后来和杰奎琳接触越来越多,发现她是一个永远不会停止学习,永远在传道授业解惑的好老师。她的好奇心很重,对所有领域都很感兴趣,天文地理、人文历史她不会放过任何一个机会去阅读、去了解。她非常喜欢了解和尝试不同的东西,尤其具备某种不可思议的敏锐的洞察力和直觉,似乎掌握着一门独特的'读心术',永远能看穿别人的心思;也似乎总能预知一切,每一个果敢的决定都对埃莫森学院起了至关重要的作用。我认为正是这些个性、优势促使她成为埃莫森学院史上最具有改革精神的一名领导者,而这一切都与她不断地充实自我,努力了解生活和观察社会密不可分。"

想改变别人,首先要改变自己。优秀的领导者必定是卓有成效的自我管理者。自我管理是一门学科,亦是一门艺术,是人们在进步中的一种自我调节和走向成功的催化剂。管理大师彼得·德鲁克(Peter Ferdinand Drucker)曾说:"管理者能否管理好别人,从来就没有被真正验证过,但管理者完全可以管理好自己。从自己做起,是一名优秀管理者最根本的践行之道。"

随着社会发展和学科进步,如今在领导力领域的研究中,提倡一种"自我领导"的新型领导模式。自我领导,顾名思义,即自己领导自己,意味着如果下属有了自我控制的能力,就能以一种更负责任的方式迎接挑战,更高效率地完成工作。杰奎琳,正是在"自我管理"的基础上,激发和调动下属的潜能,让每个人都成为了"自我领导者"。

从稚嫩的学生到成熟的老师,芭芭拉跟随着埃莫森学院一同成长,也陪伴在杰奎琳左右参与并见证了学校的巨变。

杰奎琳一直认为,课堂应该是一个有凝聚力和延展力的地方,课堂汇聚学生在一起吸收知识,老师要参与其中与学生维持良好的内聚力,学校亦如此。在杰奎琳的引领下,埃莫森学院成为了一个在学术、组织、文化等各方面统一协调的整体。

"杰奎琳是一个有着丰富教学经验,具备极高专业造诣的好教授,好领导。无论行政工作再忙,杰奎琳从没有停止过在专业领域的钻研,她用最前沿的专业知识充实自己,也丰富着埃莫森。"芭芭拉如是说。

杰奎琳重视学科管理,更注重学术创新,尤其重视提高教学质量和专业竞争力。在杰奎琳的任期内,埃莫森关键学科领域的教授数量增加了一倍,入学申请率增加了五倍;重组创办了传播学院、艺术学院、人文科学和跨学科研究中心;增加了视听文化、健康传播、编辑出版等硕士专业方向,以及市场营销、企业文化研究等本科专业。

"杰奎琳是一个完美主义者,无论对于教学质量、校园环境、硬件设施还是住宿条件,她在各个方面都用最高标准作为基本要求。埃莫森学院从一个小有名气的地方院校成为了全美知名的传媒学府,杰奎琳功不可没。现在越来越多的传媒知名人士将他们的孩子送来埃莫森,这在之前是从来没有的。"芭芭拉边说边竖起了大拇指。

杰奎琳的魄力和抉择不仅影响了埃莫森的命运,也对波士顿社区文化产生了影响。早在17世纪上半叶,波士顿这个城市就已经出现在了美国东海岸的新英格兰地区,并且成为马萨诸塞州的首府。新英格兰地区是当时美国的发展龙头,更是整个美利坚教育最发达的地区。哈佛大学、麻省理工学院、波士顿学院、波士顿大学等著名学府吸引了世界各地的学生慕名求学深造。波士顿诸多文化起源于高等学府，而众多的华丽剧院更令"文化名城"的美誉声名远播。卡特拉庄严剧院、波士顿歌剧院、王安表演艺术中心、舒伯特剧院和奥芬大剧院等云集市中心，以及著名的表演艺术团体如波士顿芭蕾舞团、波士顿交响乐团、波士顿抒情歌剧团、波士顿巴洛克和亨德尔与海顿协会都驻扎此地。由于波士顿市中心聚集了这样一批知名的剧院乐团，所以这片社区也被形象地称为"剧院区"。埃莫森学院的主校区就地处这片繁华的剧院区中。

杰奎琳认为社区和学校是协调一体的，社区的环境影响着学校的发展，她高度关注周边社区的发展和建设。自1993年杰奎琳上任后，她力排众议，带领埃莫森率先投身于剧院区的规划和建设中。

"当时的剧院区并未有今天这般规模，很多剧院已经破烂不堪或因年久失修早已停业。当时的市长托马森·梅尼诺（Thomas Menino）希望能合力重整剧院区，打造波士顿戏剧文化的辉煌。杰奎琳应该说是最坚定的支持者之一。"

在杰奎琳的努力下，卡特拉庄严剧院和派拉蒙中心经过整修翻新后重新开张。2002年翻修一新的卡特拉庄严剧院，全部采用百老汇风格（Broadway-style）。三层楼高的派拉蒙中心也被重装一新，如今拥有多个小剧场，共能容纳近1000名观众同时观看演出。此外，埃莫森学院还拥有两个独立小剧场，可进行演出的彩排以及电子音效等的制作。在杰奎琳的任期内，学校建立了固定规范的剧院演出项目，并推出剧院网站以方便学生在线订票。如今，埃莫森学院成为波士顿地区拥有剧院数量最多，戏剧文化最有影响力的院校。剧院区的兴盛繁华，不仅丰富了学生的生活，为他们提供了学习、实践的宽广舞台，更吸引了众多国内外的投资者，对整个波士顿的经济、文化发展产生了变革式的影响。

领导者受人艳羡的光环背后,常常隐藏着别人无法理解的痛苦和压力。领导者身上肩负着更多责任,意味着他们需要独立承受更大压力,尤其是因危机或困惑带来的恐惧。超强的抗压力,坚定的信念,以及"扶大厦之将倾,挽狂澜于既倒"的勇气与智谋,是一名优秀领导者所必备的素养。风险、困难总会不期而至,畏惧狂风暴雨的懦夫,只能躲在避风的港湾欣赏别人乘风破浪的英姿。美国著名领导力研究者,斯蒂芬·科维(Stephen R.Covey)与我们共勉:绝不要让来自危险的恐惧压倒了斗志,而是用强而有力的行动主动出击。

第四节 "她是严谨的领导,创新型学者"

罗伯特·西尔弗曼(Robert A.Silverman),毕业于哈佛大学。他拥有30多年在房地产、建筑行业及高等教育业的经营管理经验,曾担任埃莫森学院副校长兼首席财政官长达14年。在他14年的首席财政官任期内,他直接负责了埃莫森的搬迁和波士顿剧院区新址的建设工作。在任职于埃莫森学院之前,罗伯特是一个独立的房地产顾问,专注于社区、高校规划建设等领域。

在1993年被任命为执行校长后,杰奎琳立刻约见了已经关注好久的罗伯特·西尔弗曼,力邀罗伯特加入埃莫森学院,聘请他为埃莫森学院的副校长兼执行财务官,协助杰奎琳改变埃莫森学院当时财政赤字的窘况,这种合作关系从此就维持了14年。

"从我第一眼见到杰奎琳,我就觉得她是一个非常睿智,说话做事很严谨、很有条理的人。在之后的接触中,这个印象也从来没有改变过。她非常踏实,干什么都很认真,总是能让事情变得更好。"罗伯特微笑地回忆着。

1993年,当罗伯特和杰奎琳刚刚开始合作时,正赶上新英格兰地区学术评议委员会对埃莫森学院进行重新鉴定和评估。评委会考察团要求学校出具一系列财产、资信、教学等相关报告说明和证明文件。

"面对一摞摞冗长的清单列表,我们都很沮丧,觉得这是一个不可能完成的任务。但杰奎琳并不这样认为。在接下来的两年中,杰奎琳带领我们仔细查阅资料,搜集数据,最后我们不可思议地完成了所有说明报告。此后,杰奎琳一直保持着随时记录各项指标的习惯,直到她退休前的几个月,她依然不忘随时更新各项数据和情况说明。在杰奎琳近20年的任期内,我想大家说的最多得一句话就是'这怎么可能?'但所有的一切居然就是这样奇迹般地变成可能了。"

几乎每一个被采访者都曾和罗伯特发出过同样的感叹——在杰奎琳面前,没有什么不可能,这似乎和那句中国老话"办法总比困难多"有着异曲同工之妙。爽朗的笑容和积极乐观的心态是杰奎琳的标志,这也正是一名学校领导者不可或缺的性格元素。

目前，对于领导者性格的研究正成为一项跨学科的热门研究领域，有越来越多的研究开始关注如何通过领导者的积极心理形成所谓的"积极领导力"，这也是当下备受关注的"积极心理学"所探讨的问题之一。

积极心理学诞生于1998年，从诞生之时起，它就向过去占据了近一个世纪主导地位的消极心理学发起挑战。积极心理学主张关注"人们对在哪里"，而不是错在哪里。学者们经科学调研后发现，心理资本高的人对工作的满意度基本上是心理资本低的人对工作满意度的2倍，而活力则是后者的5倍，忠诚度更是后者的9倍左右。这些实验数据为积极心理学理论提供了有力的支持，更多的人开始相信，积极的人更能开拓思路，也更易于建立工作资源和人脉资源，从而在工作中获得更高度的回报率，而积极领导力也由此衍生。密歇根大学（University of Michigan）的金·卡梅隆（Kim Cameron）教授将积极领导力概括为四个方面："一是积极氛围，即在企业里培育出激情、感恩、宽恕的氛围；二是积极关系，即关注员工的优势而非劣势，注重扬长避短，以便在企业内部建立起互相支持的能量网络；三是积极沟通，即强调乐观、支持性的沟通，更佳地完成意义的传递和理解；四是注重积极意义，即关注个人幸福与企业目标的联接，重视个人价值及归属感。"运用积极领导力在管理中着重发掘员工的积极品质，可助力领导者实现卓有成效的管理。[①]

员工激励是领导力研究中的热门话题，更是团队永葆生命力

[①] 此段论述参考了孙雪菲：《积极领导力，让领导力超越一般 》，网络版链接：http://www.iceo.com.cn/guanli/110/2012/0321/244371.shtml。

的关键。作为领导者,首先要自我激励,才可能影响和感染同伴;领导者必须具备让人们相信"明天会更好"的领袖魅力和人格自信。显然,拥有豁达心态的杰奎琳,正是其在工作中不断输出并传递的"正能量",感染了同伴调动了员工的斗志,更营造了一种直面困难、积极向上的组织文化,带领埃莫森学院不断披荆斩棘走向属于自己的辉煌。

除了有条不紊的处事原则,持之以恒的行事态度,罗伯特对于杰奎琳的创造力更是赞许有加。"创新"是杰奎琳强调的重点,也成为她的标志。

罗伯特认为,无论是在学校的日常管理中,还是在教学科研的实际工作中,杰奎琳都表现出了相当高的创新意识。不仅如此,杰奎琳还相当擅长通过精彩的演讲、谈话等方式,将她的想法生动、直观地传递给身边的同事。

"我对杰奎琳的一次演讲印象非常深刻,她当时是用了一个'涂鸦上色'的例子来阐释埃莫森学院的教育理念和学生特点。她说,'面对涂鸦版,有一些人会在黑色的轮廓线条里为图案上颜色,另外一些人会在黑色线条外涂颜色,而埃莫森的学生们不会围绕着线条涂颜色,他们会翻开书后面空白的一页,开始创作属于自己的画。'"

创新似乎早已成为时代热词。在当今极速发展的现代社会,行业革新迅猛,知识飞速更新,创造力人才显得尤为匮乏。目前的学界对于创造力的主流定义如下,创造力指产生新思想,发现、创造新事物的能力;由知识水平、智力、能力、个性品质等多因素综合决定。社会发展需要创新思维,团队进步需要创新精神。社会希冀有创新精神的人才，人们折服于创造力的巨大魅力。康斯坦丁·巴乌斯托夫斯基（Konstantin Paustovsky）曾感慨，异想天开给生活增加了一分不平凡的色彩，这是每一个青年和善感的人所必需的。查尔斯·斯宾塞·卓别林（Charles Spencer Chaplin）曾说，对于一个艺术家来说，如果能够打破常规，完全自由进行创作，其成绩往往会是惊人的。

谁也不能否认，创新意味着"独辟蹊径"。"独特个性"是杰奎琳对埃莫森学生的要求和定位。她在教学和管理中，强调专业引导，重视发挥学生的独特个性。杰奎琳用她超前的专业理念和创新意识为埃莫森组建了一支实力强劲的学术队伍，培养了一批又一批极富创造力的埃莫森人才，大大提升了埃莫森在传媒学术界的声誉。"

本着务实的工作态度和创新的理念，杰奎琳和她的同事们也

杰奎琳和芭芭拉与知名校友玛利亚·曼努诺斯合照

不断积极地关注整个世界在传媒与艺术科学领域的前沿问题与动态，并且积极优化、整合并推进埃莫森学院的学科建设。如今的埃莫森学院拥有着诸多强势学科，包括理论传播学研究、营销传播研究、新闻学研究、表演艺术研究、视觉艺术研究、文学和编辑出版研究以及其他诸多跨学科的融合研究。在全校下设的所有院系中，传播学院作为全校的核心学院，开设的危机传播、领导力建设等课程融合了国际最前沿的研究理论。营销传播课程则将传播学规律与经济学原则紧密结合，培养出很多高媒介素养的企业家。经过几十年的发展，一批批埃莫森学院的毕业生秉承着创新的理念和务实的作风，成为美国乃至世界的传媒明星。

第十章 一个结束,另一个开始

"我迎来了人生的一个新的阶段,还有很多事要去体验,要去学习。"

第一节 告别

埃莫森学院的今天得益于杰奎琳大半生为之倾注的大量心血与努力,她的成绩令人惊叹。

当杰奎琳的事业走向巅峰的时候,她同时在心中酝酿着自己的下一步。

2009年12月,杰奎琳召集埃莫森学院全体学生、教职工以及董事会成员,向大家宣布她将于2011年6月正式辞去校长一职。

"我怀着极其复杂的心情做出这样一个决定,但是我也坚信这样的决定对于埃莫森学院,对于大家,对于我的家人,乃至对于我自己都是非常正确明智的。"在埃莫森学院的大礼堂里,杰奎琳发表了她的告别演讲。礼堂所在的大楼正是在杰奎琳的提议下建起，成了埃莫森学院的标志，大大小小的典礼活动都在这里举行。

杰奎琳（2010年）

"学校需要不断注入新鲜的血液，引进最新的理念。我已经老了，这里需要更多新面孔。一个新校长一定可以带来更加新颖的理念与方法，为埃莫森学院的未来创造更多可能。"杰奎琳一番诚恳的自白赢得了阵阵掌声。

没有人能够否认，杰奎琳是一位伟大的校长，一位杰出的女性。在她的带领下，埃莫森发生的变化令人难以置信。杰奎琳曾经下定决心，只有当埃莫森的搬迁全部完成，当她完成自身的使命，她才会离开，告别埃莫森。

而这一天，终究还是到来了。其实早在2007年学校搬迁工作进入尾声的时候，杰奎琳就已经向董事会提出辞职的请求，但董事会让她再留两年，起码等到亲眼目睹自己发起的工程项目完成。现在一切都已经完成了，杰奎琳觉得，她已经没有什么理由再继续留在埃莫森了，她在这里已经收获足够多了。

"对学校和我而言，现在是交给下一任领导人的好时机。"

从1970年来到埃莫森，杰奎琳已经在这个学校度过了40年，其中18年她都是埃莫森这艘饱经风雨的航船的掌舵手。这不平凡的18年校长之路注定了杰奎琳·里博格特这个名字不会被历史长河淹没。正是在她的带领下，原本奄奄一息的埃莫森学院起死回生，从一个陷入多重危机的小型私立学校转型为如今美国传媒领域的一流学府。毫无疑问，埃莫森的搬迁是杰奎琳传奇人生中最浓墨重彩的一笔。这次前所未有的成功搬迁不仅使埃莫森获得了新生，还为剧院区和波士顿市注入了新的活力，为市区的复兴做出了不可磨灭的贡献。

杰奎琳退休时，学校所有董事会成员的签名水晶碗

对于杰奎琳为埃莫森学院所做的巨大贡献，学校的每一名老师学生都给予高度赞扬与肯定。但是，在这个时候，在埃莫森学院处于黄金发展期的时候，杰奎琳宣告退出的举动是突然的、是意外的。有时，女性令人钦佩的魅力就在于她们的善解人意，在于她们的大度作风。杰奎琳就是这样，在考虑自己之前，更以大局为重。

杰奎琳提前了一年半的时间宣布离职，是为了保证有充足的时间来找到一个合适的继任者。对此，杰奎琳是这样解释的："差劲的人往往能待多久就多久，而杰出的人知道什么时候该给别人一个机会。离开得太早总比离开得太晚要好。"

2011年6月，埃莫森学院迎来了新一任校长，李·佩尔顿（M.Lee Pelton）。杰奎琳也遵守了自己当初的诺言，正式离开了这个兢兢业业付出辛劳近20载的地方。20年雨雪，20年风霜，虽然心

埃莫森学院现任校长李·佩尔顿（左），杰奎琳和皮特·米德

中有着许多不舍,杰奎琳还是毅然选择离开。这是一个结束,但也是她人生另一个新阶段的开始。对于杰奎琳自己来说,她在埃莫森经历了成长,走上了管理岗位,与它一起度过危机,又伴随着它走向辉煌。她大半生的时光都奉献给了这所学校,尽管不舍,但此时离开埃莫森,杰奎琳已经没有遗憾了。她要开始把从前因为工作而积欠的大把时间,用来做自己想做的事,陪伴家人,享受人生。

第二节 会工作,懂生活

即使是在如今"男女平等"观念早已深入人心的美国现代社会,女领袖、女领导也会给人一种"巾帼不让须眉"的女强人形象。因此,作为一所著名大学的校长,杰奎琳在很多人眼中是不一般的女性,但是她似乎并不太满意"女强人"或"铁娘子"这类对她的习惯性称呼。

杰奎琳和知名校友玛利亚·曼努诺斯

"有很多人实在不了解我,只会注意到我的工作,只能看到我在学校的样子,那只是我的一面,请不要叫我'女强人'。"杰奎琳从不沉浸于别人对她事业成就的赞许中,她期许别人了解一个埃莫森学院以外的她,一个更加完整、真实的她。

实际上,在周围与她熟悉亲近人的眼中,杰奎琳是个非常会生活的女人。

杰奎琳很懂时尚。如果一天需要出席三场活动,她就一定会准备三套衣服。每一套都搭配考究,看上去优雅高贵。而闲暇时,杰奎琳则偏爱舒适简约的着装,她尽力使自己脱离校长的身份,像一个普通主妇一样,穿着牛仔裤、棉布衬衫,蹬着一双平底鞋,到超市为全家采购。

杰奎琳还很爱运动,这是从小就养成的习惯。年轻时的杰奎琳是篮球和橄榄球的热衷者,学校的操场和球馆经常可见她活跃矫健的身影。退休后,杰奎琳重新拾起运动的习惯,有时约上几个好友去练习瑜伽,有时同丈夫打几局羽毛球,有时就带上年幼的小孙子散散步……最近,杰奎琳和丈夫在练习步枪。杰奎琳说这可以使她能够更好地集中注意力和保持定力。可以看出,杰奎琳的骨子里就有一股不畏前行、迎接挑战的气魄。杰奎琳总是说:"运动是生活最好的调味剂,在保持健康的同时,运动让每天变得不那么枯燥无味了。"

第十章 一个结束,另一个开始

杰奎琳玩步枪

家庭可以说几乎是每个女人生命中最重要的组成部分。有一个幸福的家庭,是成为一个幸福女人的必备条件。同时拥有幸福家庭和成功事业的女人堪称完美,让大家不得不投来羡慕和赞叹的眼光。杰奎琳就是这样的完美女人,家庭生活非常幸福,同时事业和社交活动更是精彩纷呈。

但杰奎琳坦言,在埃莫森学院担任校长职务以后就少有时间同丈夫享受浪漫的二人时光。这一点,虽然哈维不曾抱怨,但杰奎琳心中还是深感愧疚。杰奎琳选择提前退休的一个原因也在于此。这是一个机会,他们可以拥有更多共度的时光,杰奎琳决定要将以前拖欠的约会全部弥补回来。迟来的浪漫就从杰奎琳退休后两人的第一次旅行开始。

杰奎琳·里博格特——美国埃莫森学院校长

杰奎琳

欧洲是两人一直梦想游历的地方。两人都很喜欢欧洲的文化，都敬仰于它那底蕴深厚的历史，沉醉在欧洲璀璨的艺术作品之中，向往着去一睹那洋溢着别样风情的城市建筑。

虽然同属基督教国家，但是美国与欧洲还是在许多方面彰显着不同。美国社会崇尚个人独立精神，而欧洲国家更加注重集体和谐；美国社会鼓励个性化发展，而欧洲国家更加讲究秩序规矩；美国人谈笑风生，欧洲人严肃深刻；美国是流行文化的发源地，欧洲则是古典音乐永久的故土；美国为世界带来快餐消费文化，在欧洲人更愿意坐下来细细品尝一杯现煮咖啡……杰奎琳和哈维沉醉于这种文化差异所带来的吸引力。埃莫森学院在荷兰有一所分校，因此，杰奎琳因工作，时有机会往返于美欧之间，在欧洲也有很多旧交、故友。但是，她更期待与丈夫共同欣赏经历这一切。

杰奎琳和丈夫哈维在旅途中

2011年6月,正逢两人的结婚纪念日前夕,刚刚离开工作岗位的杰奎琳就和丈夫一起来到欧洲旅行,顺道拜访了他们的一些朋友。

他们的第一站是意大利的"梦幻水都"威尼斯。威尼斯"因水而生,因水而美,因水而兴",是一座非常美丽的水上城市。一座在水里诞生,在水里成长,并最终可能会在水中消失的城市,你面对它时难免心生温柔。蜿蜒的水巷,流动的碧波,威尼斯就如漂浮在绿水上的一个浪漫的梦,诗情画意在这里久久散之不去。

杰奎琳和哈维没有跟随导游,而选择自由行动,这样他们就有了更多的选择和空间。他们喜欢这里的市井气息,没有美国街道的车水马龙,没有美国城市的人潮涌动,没有美国人上下班的匆忙赶路。在威尼斯,他们可以随时转入一条没有名字的小水巷,欣赏水上阁楼的阳台上居民们安逸的生活景象;他们累了就在露天咖啡厅里点上一杯意大利咖啡Espresso,一边悠闲自在地喝着咖啡,一边漫不经心地观察着路过的行人。他们说,似乎威尼斯人已经习惯了将自己的生活状态作为景点的一部分展示给游人,在被别人欣赏时,也欣赏着别人。

夫妇两人一同在圣马可广场喂鸽子,瞻仰圣马可大教堂的辉煌魅力,在屋檐下的小店里品尝正宗的意大利比萨和提拉米苏,在玻璃岛、彩色岛的小路上散步、购买纪念品,乘威尼斯最古老的水上交通工具"贡多拉"领略这里的水上风情……在这样一座柔情似水的城市里,两人在风景中领略着无处不在的浪漫。

意大利之旅过后,紧接着他们乘船前往曾经的世界中心——希腊。欧洲文明的起源、历史哲学、民主政治、奥林匹克、《伊利亚特》、《荷马史诗》、雅典建筑、爱琴海小岛……这一切是如此能够引起人们对历史、对文化、对浪漫生活的向往。孕育了西方文明的希腊一直被诸神庇护着,杰奎琳和丈夫早就想一睹那里的自然风光和历史遗迹。杰奎琳说:"用任何形容词来赞叹希腊的美都显得笨嘴拙舌。"因此,趁着这次两人踏足欧洲的机会,他们来到了向往已久的希腊。

杰奎琳和丈夫哈维在希腊旅行

他们一同探寻了雅典古城的文化遗迹,置身于雅典卫城中,瞻仰着众神雕像,在各个神殿、神庙中体味希腊辉煌的历史和不老的传说。雅典是最接近神话的地方,有古老文明的遗迹,让人们在游览中总能收获一份惊喜与感动。

除了历史古城雅典,翻开希腊的地图,会发现希腊拥有无数的岛屿。诗人埃里提斯曾经说:"希腊在海洋中休憩"。这些岛屿就像是散落在爱琴海中的明珠,而杰奎琳和哈维一同游览了其中最灿烂的一颗——圣托里尼。这里的魅力在于湛蓝的海水和精巧的房子,而对于一对恩爱夫妻来说,最重要的是这里自然而然产生的一种浪漫情调。有句话说:"如果你爱一个人,请带她来希腊的圣托里尼岛,因为这里有最美的日落,有最纯净的天空,有最湛蓝的爱琴海,连空气和海浪中都充满了甜蜜和温暖的味道。"在爱琴海的小岛上杰奎琳和哈维住进了这个蓝白交错的梦幻世界,两人一起观看了世界上最美的夕阳。

他们还准备牵手去世界上更多美丽的地方看看。一对已年过花甲的夫妇如此相爱相伴,他们证明了浪漫不仅仅属于年轻人,即使人生的历程接近黄昏,他们每日迎接的依然是灿烂无比的朝阳。

除了丈夫,杰奎琳也时常把自己的一对心肝女儿挂在嘴边。杰奎琳是家里的独生女,小时候没有兄弟姐妹的她常常感到非常孤独,看到其他家里小孩们互相做伴、热热闹闹打成一片的场景,她感到十分羡慕。杰奎琳常说,她和丈夫都很喜欢小孩,如果不是后来工作过于繁忙的缘故,他们可能会要更多的孩子。

也许受到母亲言传身教的影响,杰奎琳对女儿们的要求也十分严格,特别注重对她们的教育。她的付出是有成效的,两个女儿都很优秀,各自拥有自己的事业。如今,杰奎琳也为此感到非常骄傲。

大女儿是心理学博士,在马萨诸塞州的一个心理诊疗中心工作。小女儿是物理治疗专业的博士毕业生,在一所公立学校里担任物理治疗师。现在两个女儿也拥有各自幸福的家庭,大女儿在杰奎琳接任校长职位的第二个月结婚,四年后小女儿也嫁人了。她们还为杰奎琳和哈维夫妇带来了四个非常漂亮、可爱的孙儿孙女。杰奎琳将自己的手机和电脑桌面都设为她退休后刚刚拍摄的一张全家福照片,照片的背景是杰奎琳家里的花园,上面的每个人都露出幸福的表情。和朋友在一起时,杰奎琳总会不亦乐乎地拿出手机向人们一一介绍她的每一位家庭成员。

"这两个女儿都很优秀,她们都获得了博士学位,工作也不错;大女婿不爱讲话,但是很稳重;二女婿和我丈夫一样是个幽默的人;孙女很喜欢跟我待在一起,有时我会给她讲讲故事;这个小孙子特别调皮,花园里的花盆不知被打翻了多少个……"

你可以看到杰奎琳在讲述这些家事时脸上始终洋溢着慈祥且欣慰的笑容,这个家庭里的每个人都彼此深爱着,而退休后的她终于有时间多陪陪她的家人,享受这天伦之乐了。

退休后,杰奎琳还为自己制定了一个详细的生活计划。以前忙碌奔波的工作让她无暇顾及许多她一直想做而未做的事情。最近,她开始计划重新装修布置房子,她希望为家人营造一个更加舒适温馨的生活空间。她着手设计房间里的每一个细节,客厅的壁纸、卧室的窗帘、餐桌的质地以及新的厨具和餐具等等,她希望房间里的每一处摆设都充满家的气息和味道。

一个女人,无论她如何叱咤风云,无论她多么珍惜自己的事业,她的内心里最深的期待和眷念仍然是家。也许,越是经常在外奔波忙碌,就会越渴望有一个避风的港湾;越是经历了世界的太多纷繁复杂,就会越向往回到家中简单自由的呼吸。家对于每个女人来说都是精神与情感最重要的寄托。

除了对于家庭生活的弥补,杰奎琳还会利用一些时间学习新东西。在她为自己制定的退休后的学习计划上面,列满了各类人文艺术类书目。之前20年,她每天被忙忙碌碌的工作围绕着,这让她没有时间去细细品读许多著作,也成为她心中一直以来的一大憾事。于是一退休,杰奎琳就开始选读一门世界艺术史课程,这是她一直以来很想学的一门课程。她认为艺术史本身就是一部隽永的史诗和瑰丽的画卷,她早就想去探索这个缤纷的艺术世界了,现在终于有时间可以让她静下心来更深入地去认识艺术、了解艺术。

埃莫森学院剧院墙壁的海报

除此之外,杰奎琳还仍然活跃于埃莫森学院的艺术联盟组织,经常参加一些该组织的各类教育、交流活动。这个组织于杰奎琳担任校长期间建立,其创办初衷就是推动埃莫森学院的发展,同时也可以丰富波士顿这座城市的艺术生活。她认为这是她现在可以继续为埃莫森学院出力的最佳途径。

也许在很多人的眼中,晚年生活就应该静养在家,就应该享尽天伦之乐,就应该每天休闲安逸地过过日子。但是,和杰奎琳交谈,你会发现她的心态还像个年轻女孩一样,她会注意自己衣服的搭配,她会犹豫晚饭后要不要多吃一块芝士蛋糕,她毫不拒绝时下最新潮的流行元素,她好奇、认真地观察着自己不熟知的每一件事物……褪去大学校长的华丽光环并没有结束杰奎琳的精彩生活,反而为她的生活注入了更多新鲜、轻松和幸福的元素。

第三节　成功的女权主义者

对于许多事业成功的女性来说,如何平衡家庭和工作一直是困扰她们的一大难题。和许多传统女性一样,杰奎琳也有着很强的家庭观念,她绝不允许自己的工作影响到家庭的和睦,她会尽全力做好工作并同时照顾到家人。不过这也得益于她拥有一个美满和谐的家庭,她的丈夫和两个女儿一直鼎力支持她的工作。作为一校之长,杰奎琳难免有时会因工作事宜抽不出空顾及家庭,但是丈夫和女儿对此一直表示非常理解。

杰奎琳和丈夫哈维最初因结怨相识,后来成为好友,最后结为夫妻,可谓经历曲折,终成眷属。如今这对年届70的夫妇仍然保留着一份难得的年轻心态,也因此让两人的感情始终保鲜如初,从不缺乏逗趣的插曲、浪漫的情节。

过去的几十年,杰奎琳和哈维相互扶持。杰奎琳上班的时候,每天清晨,哈维都会提醒妻子按时吃饭,记得午休。他知道妻子事业心强,虽然自己的工作也很繁忙,但是为了让妻子在事业上获得更好的发展,他多年来一直和杰奎琳共同照顾孩子、料理家务。人们常说中国最稳固的家庭模式是"男主外,女主内",而杰奎琳和哈维则是共主内外,两人在各自的事业上表现都很出色,也各自在家中负责不同的"工作事项"。

"当时,我们每周每天都分配好各自的任务,比如谁接送小孩,谁来煮饭洗衣等等。哈维的工作出差多,他不在时做饭洗衣、接送孩子就落在了我身上。但等他回来,他就会主动多承担些家里的事情。"杰奎琳微笑着回忆当年两人共同忙里忙外的日子。其实,这段往昔又何尝不是一种财富,让两人在相互帮助、相互支持、相互理解中深化感情。

杰奎琳一直都认为,作为一个事业型女性,让你的另一半成为你真正的"人生搭档"是十分重要的事情。这里的"人生搭档"不是单纯的夫妻关系、伴侣而已,而是要把对方看成与自己地位相等并同样有能力的好伙伴,这种平等关系会让双方更快乐。

每一个眼神互动,那一颦一笑,两人的恩爱表露无遗。如今,杰奎琳和哈维提起当初相遇、相知、相恋时的场景仍觉得一切历历在目。

杰奎琳的两个女儿更是她的骄傲,两人都获得博士学位,现在各自都有一份自己喜爱的事业。对母亲的事业,她们从小就一直用行动支持着，从不无理取闹，在母亲工作的时候也不大喊大叫去打扰她。她们说，母亲也从来没有缺席过任何一次重要的家庭聚会和家长会，而且每晚母亲无论再忙都会赶回家和她们共进晚餐。所以在她们的记忆中，母爱从来没有因为母亲的事业而缺失过。

因为父母都是教育方面的专家，所以两个女儿的教育是家里最重要的事。杰奎琳和哈维在打算生下大女儿的时候，就已经达成共识。无论生活多么艰难，他们都一定要给孩子提供最好的教育，但是选择权留给孩子。他们会和孩子谈心，这是杰奎琳最擅长的事情；他们会带孩子们去郊游，让她们更多地接触这美丽的世界；他们会偶尔带着孩子出席一些重要的晚宴，让孩子们了解父母的工作的同时，也了解这个围绕在她身边的社会和人；他们会让孩子自己选择专业和行业，因为他们深深地知道，只有快乐才能促进一个人的发展。

杰奎琳深信，当父母都拥有属于自己的事业时，孩子、父母和婚姻三方面都能得到极大的发展。两个女儿从小就确定将来长大要成为母亲这样的女性：拥有成功的事业、幸福的家庭、丰富的个人生活。

在回顾自己的职业生涯的时候，杰奎琳经常说："在我事业的每个阶段，我都认为自己的成功来自运气、努力工作和他人的帮助。"也许很多人都觉得杰奎琳事业的起步是她运气好，对于这一点，她一点也没有否认，所以她把运气列为自己成功因素的第一位。因为她确实遇到了一位伯乐，埃莫森学院的第九任校长阿伦·凯伦格先生，是他让杰奎琳走上学校管理的道路，从研究生院院长开始,一步步走向校长的职位;也是他在杰奎琳担心无法胜任研究生院院长的职位而要出言拒绝的时候,要她认真考虑,建议她可以边做边学。

在不断的磨炼中,杰奎琳越来越自信,勇敢地争取每一个机会。她时常说,在自己不自信的时候,就假装自信,直到最后变得自信。因为她相信积极主动一定会带来回报,如果一个人总是等着别人告诉自己该做什么,很难设想他能成为领导别人的人。

在1992年竞聘校长的时候,杰奎琳没有任何的犹豫,而是主动争取机会和其他优秀的候选人一起同台竞技。因为她相信自己的能力和实力,相信自己在埃莫森学院工作和经历的20多年,她认为自己比其他人更了解埃莫森学院的过去和现在,也更有勇气去面对埃莫森学院的未来,哪怕当时埃莫森学院是个"烫手的山芋",她也敢于紧紧地抓住。

如果她没有选择竞聘,也会顺理成章地继续留任副校长兼教务长的职位,一切都不会有改变,但是杰奎琳对事业上的冒险持有更开放的心态,追求稳定的代价就是个人成长机会的减少。

成为埃莫森学院的校长后,杰奎琳十分注重对人才的挖掘和培养,尤其是对有潜力担当重任的女性。因为她深知自己作为一名女性一路走来的艰辛。虽然自己足够幸运,有支持她的家人和欣赏她的上司,但是这条女校长之路也不断地经受非议与不解。

当一个群体的成员形成一种负面的固有认知后,他们可能更倾向于按照这种认知行动。大多数领导者的角色都由男性担当,所以女性也不指望获得这样的角色,并担心一旦担任领导者的角色会招来不必要的不利影响。

杰奎琳常常主动与女下属交流、沟通，并主动提出成为她们的人生导师，在生活和事业上不断地帮助她们成长，激励她们追求更高远的梦想，破除障碍，向前一步，继续前进，开发自己的全部潜能。其中梅利和芭芭拉就是杰奎琳欣赏和关注的两位女下属。她希望每个女人都能为自己设定一个目标，并全力地追求它。当激发出所有人的才能时，社会才能更有效率，家庭也会更幸福，孩子们也不会再受到狭隘的旧观念的束缚。

杰奎琳从不吝啬提及自己是女权主义者，她还专门建立并参与教授埃莫森学院的第一个女性研究课程。以至于退休后，她还积极参与世界女校长论坛，为世界教育和女性的发展奔走着。她认为，尽管当前的社会，看似男女地位平等，但是事实上女性仍在忍受各种不平等的对待。她在为性别平等而付出自己的力量，无论力量大小，汇聚在一起，就会推动世界的进步。

附录1 杰奎琳接任校长时和卸任时埃莫森学院一些数据对比[①]

	1993年	2010年
申请入学人数	1849	6865
入学者SAT平均分数	1110	1232
招生人数	2561	3949
毕业率	52%	80%
公共设施面积	400,000平方英尺	1,000,000平方英尺
信用评级	垃圾级别	标准普尔A级
全职员工人数	91	183
住宿学生人数	1000	1900
剧院区投资	0	500,000,000美元

① 本表数据由埃莫森学院提供。

附录2 杰奎琳在"私立大学生态环境与发展战略国际论坛"上的讲话

会议介绍:

2008年10月中旬,首届"私立大学生态环境与发展战略国际论坛"在南京中国传媒大学南广学院成功举办。中国、美国、英国、法国、德国、俄罗斯、韩国、日本、澳大利亚等16个国家30余位私立大学校长及高等教育研究专家共襄盛举,分享办学经验,探讨持续发展,展望未来前景,此次论坛取得了丰硕成果。所有参会的演讲稿及论文由中国传媒大学出版社出版中英文论文集。

讲话一: 竞争机制、入学条件和负担能力、资源评估
　　　　——美国私立高等教育特点

我很荣幸能够和其他贵宾一起出席本届"私立大学生态环

境发展战略国际论坛"。感谢中国传媒大学的邀请,在这里我受到了热烈的欢迎,贵校短短四年来在南京办学所取得的成就也使我感到震惊。

美国埃莫森学院建于1880年,而南广学院成立于2004年。两所院校规模相当,共同以把学生培养为传媒行业各领域精英和领军人物为己任。双方可以互相学习,我们希望可以同贵学院建立不断的对话。

无与伦比的北京奥运会和美轮美奂的媒体转播反映了中国经济动态的、创造性的发展。贵学院的成就和发展证明了既有教育体系的高质量,也突出了继续现有发展步伐的迫切需要。

正如各位所知,这个夏天,33名来自埃莫森学院的学生被选中参与了奥林匹克新闻办公室的工作。他们住在中国传媒大学校园内,感谢对他们的热情接待。我们的学生身处中国传统文化之中,也很荣幸能够为英语新闻播报出一份力。其中一位继续参加残奥会报道的学生这样写道:

"中国太梦幻了。就算是现在,我坐在这里,回想在这座'宏伟的城市'中度过的两个月时,我仍然不敢相信这一切都是真实的。现在我的大部分同学即将踏上回国的飞机,而我则准备继续为残奥会服务。那么,我对自己的中国之行满意吗?当然,但是从某个角度来看,与我预期的有所不同。在这里,我的阅历极大地丰富起来,但从工作中学到的却有限。在北京的大街上,我真切地感受到对自己、对中国、或者对生命的总体认识加深了:比如当我上了出租车,只有一张地图和指路的手指的时候;当我在餐馆看着天书般的菜谱指手画脚,然后期待美味出现的时候;当我独自在城市中探险,时刻准备着应付难题的时候……确实,在工作上,并没有如我所愿得到足够的磨炼。但是我确信,再思考自己的未来的时候,我有比以往任何时候都更多的筹码。我来到中国,就是希望离开的时候可以焕然一新。我已经做到了,而且还有一个月的时间。也许我的工作经历也会丰富起来。"

为了像所有优秀的教师和播音员那样言之有序,首先我将简单总结下美国高等教育的转折点。

1636年哈佛大学成立,它是美国第一个私立独立学院,也标志着美国高等教育的开始。从时间上看大约是在中国明朝晚期,孔子之后2000年。美国殖民地的高等教育的目标同最初的孔子模式相似,都是培养"君子"从而营造一个道德社会。57年后,威廉和玛丽学院在弗吉尼亚州成立,它也是美国最早的公立学院。

之后的200年间,高等教育发展缓慢。到19世纪末,只有不到1000所学院,平均招收160名学生,只有15%的高中毕业生进入大学。美国内战期间《莫雷尔法》(土地赠与法案)(Morrill Land-Grant Colleges Act)的通过最早向更广泛的美国公民推广高等教育。根据《莫雷尔法》,联邦政府分别拨给各州30,000英亩土地,前提是各州必须在这些土地上,或将出售这些土地所得用于建立大学。这些大学的办学目的是加强农业和工业知识的传授,而非传统意义上的综合知识。这批大学中,除三所以外都是公立大学。

第二次世界大战之后,联邦立法将《退伍士兵权利法案》放进法律,掀起了美国高等教育的又一次发展高潮。立法的通过保证美国不会落入萧条,避免一战后退伍士兵回乡找不到工作而导致的大萧条。法案为二战退伍士兵提供低利率的房屋抵押贷款,并承诺负担他们的大学学费。结果是社区大学扩张,现代美国研究型大学和综合性州立大学得到发展,标志着美国政府对高等教育投资的开端。最重要的一点,也是我们今天所要探讨的,它支持私立和公立学校的学生共同发展。

从此以后,美国高等教育一直处于发展之中,但发展进程依性别和种族的不同而相异。现在高中毕业生中只有69%继续进入大学深造;占女性学生总数的70%,男性学生总数的66%;美国白人学生总数的73%,美国黑人学生总数的56%,西班牙裔学生总数的54%。所有毕业进入大学的学生中,大部分(占63%)进入社区大学,修满两年后颁发肄业证书;进入营利性大学的占8%。而进入四年制学院的30%学生中,20%进入公立学院,10%进入私立学院。

当我们跨入21世纪之后,如何摆正私立大学的位置,是我们要思考的问题。当前美国高等教育的特征可以归纳为:竞争机制、入学条件和负担能力、资源评估。下面我就每一点谈谈看法。

竞争机制

大部分学院和大学把大量的时间花在提高自己的竞争地位上。他们致力于吸引最好的学生,引进最好的教师,以及吸引和保留学术"巨星",希望能为学院带来关注度和经济收益。为了发现和竞争优秀生源,各所学院和大学纷纷建立和维持大量的招生名额和财政援助办公室。他们花费可观的学院经费制作网页和宣传资料,并分配所谓"特长补助",指对经济并不困难,但是有特长、能从侧面帮助学院实现目标的学生提供经济补助。运动员是经常获得这种补助的学生群。再比如,在埃莫森学院,我们以有色族裔有表演特长的男性学生为目标。

无论公立或者私立学院，只有最优秀的高等教育学府才提供学费上的折扣。这也使得私立学院的学费结构非常复杂。大多数学院之间通过有效的学费折扣率来进行价格竞争，即利用一定比率的学费收入实现招生指标。美国私立学院学费的平均折扣率（各学院补助学生的费用÷学费和其他费用总和的平均值）约为33%。学院补助中大约68%是出于学生经济上的需要，32%是由于学生特长。公立学院也有学费折扣，但是折扣不大，约为10%。财富学院可以利用捐赠所得维持特长补助和入学学费，而大部分私立高等教育基金来源于学费定价的折扣。学费折扣使得学院的收益和工资、科研和课程设置等的支出经费相应减少，成为难题之一。而另一方面，学费折扣有助于学院实现办学目标，提高办学声誉。

制度上的竞争机制同样依赖于教师队伍的素质。教师取得终身聘用之前，需要经过一系列长期、严格的评估。这是美国高等教育的基础。除非一些极个别的严重违反行为，教师一旦获得终身职位，可确保终生受聘。生活品质是吸引高智商人才进入高等教育领域的重要原因。同时，这些人才与大学管理者或者政治家截然相反的政治、社会和经济观点也能得到保护。这样，才能确保思想上百家争鸣、百花齐放。

教师任期制度同样也会造成教师教学不如在其他工作领域投入。为解决这一问题，各学院也发展出一系列以绩效为基础的评估和奖励制度，对教师教学、建议、科研各方面进行评估。任期制度带来的另一个问题是各学科教学资源分配不均：某个一度热门专业可能拥有一大批还在任期内的教师，但当这一专业不再热门时，这批教师很难安置。比如在埃莫森学院，多年前我们的公共演讲专业颇有发展潜力。然而当我们学院的发展重心转向编剧、电视和电影制作的时候，我们演讲方面的教师过剩，但又不能胜任其他院系的教学，而这些新的重点院系却师资匮乏。

同样，当政府出于某种原因，出台新的法律反对年龄歧视时，无意中造成终身教师的任期几乎无限延长。因此，我们有的教师就会有这样的想法，比如："我不需要学习使用计算机"，或者"我不在乎我的专业发生变化。我可以像以前那样教以前教过的东西"。可见，制订长远的教师引入与留任体制规划，势在必行。

最后，由于不同国家对学院和学术规划排序不同，很明显美国大学纷纷受到排名的困扰。在我看来，中国也许面临同样的问题。每年八月，美国各大学校校长都密切关注学校排名的变化。但是，几项研究表明，直观声望与教学质量之间，并没有必然联系。其中声望来源于学生甚至是教师的反馈，而教学质量由研究机构提供。事实上，研究表明，学院之间的排名竞争会带来负面影响。其中之一是这种竞争使教育资源、管理重心和教师的注意力偏离了能够提高学术水平和学生学习的根本问题。严重的甚至会导致"分数膨胀"、学生反馈的诚信度缺失，以及设计统计学方法来获取有利的结果而非有效的结果。

随着美国各学院开始关注全国范围内的竞争问题，他们已经慢慢认识到21世纪的竞争已经跨出国界。新的全球化，知识性经济要求大量的获得高中以上学历的劳动力。有数据显示没有大学文凭的人正逐步退出经济舞台。与此同时，美国人口统计学家声称，我们已逐渐不能向很大比例的国民提供受教育机会。这也引出了我下面要谈论的问题,入学条件和负担能力。

入学条件和负担能力

"入学条件"是指来自不同背景的人具有平等的接受高等教育的权利。在过去的几十年中,高等教育对于老一辈而言是难以想象的。全世界掀起了让所有人都上得起学的倡议。

我一直从学院的收费和经济角度研究负担能力问题,也从国家需要的角度进行研究。从这方面看来,美国应当提出下列问题:我们是在为高等教育培养更多的学生吗?我们能够在高中教育阶段开设大学预科课程,为高等教育做好准备吗?

尽管我们在过去已经有明显的进展,但是对上述问题仍不能给出可靠的回答。蒂尔尼(Tierney)曾指出,每100位九年级学生中,仅有18位能够在10年内获得大学学位,仅有68%的高中毕业生进入大学,其中40%高中毕业后直接进入大学学习,27%则在次年入学。而且,越来越多的高中学生来自生存现状最差、各个教育层次中最不成功的人群。这一现状使得问题更为复杂。未来的20年中,美国人口的增长将集中于少数民族,主要是西班牙裔人。超过60%的西班牙裔家庭和黑人家庭的年平均收入低于42,000美元。无论是私立还是公立大学的教育费用都超出了家庭收入的增长。造成这一现象的部分原因是国家和州政府对学院和学生的资助相应较低;另一部分原因是信息爆炸和科学技术需要学院每过几年重新评估自己。因此,当中等家庭的收入过去十年里增加6%时,学费却增长了44%。举个例子,一名学生念完两年制社区大学的净花费平均可以达到至少40%美国人口的中等年收入的34%。每个高等教育学院的贫富差距正在扩大。

资源评估

最后我想说说美国高等学院的资源评估。尤其当人们评估教育费用的时候，他们有需要也有权利提出，我们校方是如何提高学术质量的？大多数现有评估手段不能有效回答这一提问。目前的资源评估方法侧重于学院的授权和排名。这些方法以教师工作量、教师和学院声誉、招生规模、毕业生等级和教师的发表论文记录为依据。

品评葡萄酒，我们往往反过来思考。比如比较某个特定年份某个品种的所有酒型，并评价这些酒型中的所有变化。当我们通过长期和短期的比较研究，确定我们喜欢或是想要的，我们才会回过头去研究它的生产方法。

很明显，学术的真正成功不是一味的国家政治任命的结果，而是学院优先考虑品质提高的结果。应当给教师时间和回报，来承担起实施这项工作的重任。

在我演讲开头，我引用了一位参加奥运会和残奥会工作的学生的话；最后，我也想引用一位随队教师的话作为结尾：

"我认为，在中国最有价值的经历是在中国传媒大学的'操场'上。中传的学生们经常邀请我们的学生参加体育运动和竞赛，比如英式足球、三对三篮球、乒乓球等等。Jim Foley记录了中传学生打败三个铁塔般的埃莫森学生的那场三对三篮球。比赛结束后，双方学生坐在一起喝水休息。我们谈论起了中国和美国的全明星篮球赛。我们聊NBA，聊即将到来的奥运会，聊他们平时的其他运动。Foley写道：'中传学生中有一个是英语专业的，而且肯定是

个优等生,因为他英语口语相当棒。我认识到竞赛其实也是一种纽带。我们愿意一起分享快乐时光,互相学习。'

在操场上见过之后,中传的学生还来我们的宿舍拜访我们,或者约我们出去吃饭、逛街、喝咖啡。他们对美国、美国媒体和美国人眼中的中国很好奇。正是这样的信息互通打破了我们对彼此国家的成见。很快,中传的学生就能向其他中国人讲述美国,而埃莫森的学生也会把中国介绍给其他美国人。我希望他们可以比我们这一代做得更好。"

谢谢!

讲话二：学校的战略定位

请一位大学校长谈论她的学校就像请Donald Trump（美国房地产大亨，喜欢夸夸其谈）谈论他自己一样。我会努力克制激动的心情，尽量做到简洁。

埃莫森学院是一个独特的私立学校。她提供本科和硕士学位，对学生的培养目标是成为大众传播和表演艺术领域的先锋力量，指引学生追求富有创新性的学术和工作。本校创立于1880年，前身是波士顿朗诵演讲和戏剧艺术学院，建校初期招收的学生为当地的年轻女性。然而随着二战后《退伍军人权利法案》的颁布，加上电视产业的兴起，埃莫森永远地改变了。由于有大量的人涌入学府，学院扩大了教学规模，增加了广播专业。

经过数年的努力，埃莫森从一所专业学院逐步发展为文科大学。但她始终坚持专业学院式的实践型学习方法。学生不仅学习理论知识，同时也很注重实际应用。如今，埃莫森共有4000多名学生，他们来自美国45个州和至少48个国家。然而，埃莫森的办学宗旨依然不变，即积极拓展传播、艺术和文化的界限，以推动社会的进步。

美国所有的私立高校都是由可自我运作的大学董事会管理。在埃莫森有30位理事：约60%是校友，另外30%是在校生或老生的家长，剩余的10%为学院的盟友。他们中的大多数人是传媒行业各分支的领头人。目前，理事会超过80%的成员为白种人，75%为男性。而这一模式正在逐渐改变。作为拨款条件，大的基金会要求理事会成员向多元化发展,这给理事会带来了不小的压力。成员的主要职责包括:捍卫学校的使命,任命和评估校长,监督财政健全和学校的生存能力,以及协助募款。

影响大多数理事会的主要问题就是理事的多元化问题,及如何处理利益冲突和披露的问题。这是因为理事和雇员的行为是代表公共利益的,而不是为了他们自己、他们的家庭或是商业团体。他们在法律上和道德伦理上都有责任保护学校的完整性。关于利益冲突的问题是在2002年《沙宾法案》的影响下,由盈利机构正式提出的。而后这一法案又被政府官员运用到非营利机构。

正如我刚才所说,理事会的主要职责是任命和评估校长及保证学校的财务偿还能力。这两大问题正如乔治·华盛顿大学前校长斯蒂芬·特拉奇滕伯格(Stephen Joel Trachtenberg)所说:

"大学是非常特别的地方。大学的结构和习俗是在早期生根的,虽然生活在21世纪的我们努力保留这些原始风俗,但我们还是无法忽略或是躲避现代生活各方面的影响……我们必须付电费,必须为图书馆购置电脑和书籍,必须为教工提供医疗保险和牙齿保健计划,为他们的孩子提供日托,以及支付薪水使他们得以在当代美国生存。大学已不是中古世纪的模样,也不是小型零售店,而是需要付出巨大而有效的努力,大学校长必须同时具有果敢的眼光,才能理解并支持那些投身于学术和教学工作的人们的最大价值和雄心壮志。"

过去的挑战

因此我想花几分钟时间谈一下我的学校是如何迎接这一挑战的。在19世纪90年代初期,埃莫森遇到了严重的财政问题。学校的报考率降低，实物资产老化，净资产仅有240万美金，濒临技术性破产。学校可见的最大变化就是从后湾迁至波士顿中城文化区，又叫剧院区。其他显著的变化包括大学学术结构的重建（创立了两个分支系），全职教师人数加倍，并大大改善了学生的档案管理。从微观层面来看，所有教职员工都安排了新的办公室、电话号码、院系和系主任，甚至启用了新的停车系统。

在90年代早期，波士顿中城区的房地产价格相当便宜。尽管我们的财政状况不佳，学院的管理者和理事们在如此优惠的价格中看到了埃莫森的机会，即在波士顿历史中心购买大楼改建成学校。这些建筑并不比埃莫森在后湾的房产新多少或者条件好多少，但面积大了很多，效率更高了，楼间距也更小了。

新当选的市政管理班子急于使房地产复苏，特别是波士顿历史中心一带，这就鼓励了学校官员在中城区添置产业。然而，学校官员也有疑虑，因为中城区还包括声名狼藉的战区和波士顿红灯区。

由于政府保证清理战区，学校管理者和理事们决定购买一栋办公大楼做实验，将大楼改建作教学和管理之用。由于这次实验结果令人满意，两年后学校官员又购买了一栋大楼，改建成拥有750个床位的学生宿舍，食堂和学生配套设施。购置了新的宿舍后，我们得以将两栋破旧又间隔远的宿舍楼出售。政府言出必行，清扫了战区，大力回收了成人娱乐的牌照并因此降低了犯罪率。许多学生喜爱改建后的空间。它吸引了潜在的学生和家庭，因此有利于增加入校人数和培养更具有学术才能的学生。

埃莫森在中城的带头投资行为吸引了地产开发商和投资者回

到这一区，此时经济转好。随着波士顿商业区在90年代末期的总体复苏，中城对大多数埃莫森人来说很具有吸引力，推动了学校更多的购买和改造计划。此外，从2001年开始的长期谈判以来，学校添置了三块可建基地，使我们在建校历史上首次建造了适合我们需求的全新的大楼。

对于这些基地加上其余购置的产业，我们的首要战略是发展学生住房并打造校园住宅区。理事会接受了学校为四分之三学生提供宿舍的计划。目前住宿生比例是50%。宿舍是很好的理财投资，短期内即可收回成本。至少有一点很重要，它为18到21岁的学生提供了更好的教育环境，并且满足了政府的要求，防止学生住宿市场越来越激烈的租赁竞争影响到城市居民的住房需求。

总而言之，在这段变化的时期支撑住学校的是我们特殊的使命感，是我们在波士顿市区的地理位置，是全球娱乐产业的发展，以及我们的毕业生在传播和艺术领域的成功。我们学会了将优势最大化并仔细的规划未来。我们也认识到还有未克服的困难，这包括要加大我们的捐助力度和年度募捐额度，继续扩大全职教师的队伍，增加学校的多元化以体现人口状况的变化，处理加入工会的教职工遇到的现实问题，继续满足技术上的需求和相关基础设施的开销，扩建学生宿舍，发展我们在洛杉矶的西海岸基地，这个基地为在校生和毕业生提供实习的经历和就业机会。

未来的展望

我们当然担忧当今经济的衰退。和其他高校一样，埃莫森曾从90年代的经济复苏中受益，然而那些日子已经过去。埃莫森是一所昂贵的学府，奖学金有限。目前学费、住宿费、杂费加起来共约四万一千五百美金。美国大学董事会过去将学校的贴现率上限定为20%，不过就在一年前，又额外增加了150万美金。在此限制下，我们早已满足了了入学目标，但这样一来可能会遇到更多的困难。我们面临的挑战将无疑加剧，因为学生的财政需求持续增加。近期学生贷款上遇到的困难有可能雪上加霜。寻求学术上有天赋有创意的学生需要成本，增加学校的多元化需要的成本甚至更高。所有这些给我们筹集资金的迫切施加了额外的压力。

我们也致力于开发在洛杉矶的基地。目前，学校在洛杉矶租用场地供学生住宿和教学。每年租金约达100万美金，并有明显的上升趋势。两年前，我们开始寻找场地以建造自己的设施。去年三月，我们在著名的落日大道上购买了土地，对面就是好莱坞地标。我们计划在那里建设教学设施和宿舍。我们将一步步来，因为这是确保工程有资金可行的唯一办法。我们将在那儿拓展教育计划，增加与娱乐业相关的课程，建造可以用来广播并向全球教学的设备。这是我们未来的投资计划！我们相信这将提高学校的知名度，吸引更多的资助，为我们的学生提供更优质的教育。

最后，我们致力于加强学校和传播业的多元化。这是一件合乎道德的事情，而且这也符合商业规律。2000年人口普查明确显示，少数族裔在很多团体和媒体市场上已快取代主流力量。媒体、娱乐和营销公司意识到他们能否与8000万非洲人、西班牙裔、亚洲人和美国土著居民取得沟通，是与未来成败息息相关的，更别提与全球人民的沟通了。他们渴望雇用少数族裔的应聘者，雇用那些受过教育又理解新全球化经济的人。埃莫森已准备好在这里发挥作用，但这将同样需要更多的资金，以持续满足学生、教师、教工和学校领导层的多元化。

正如特拉奇滕伯格（Trachtenberg）校长所说，在21世纪领导一个学府是份永无止境的苦差。你一边辛苦地把巨石滚上山，巨石一边又滚下来砸到你身上。我不妨引用坦塔罗斯（Tantalus）的典故，他被罚永远饥渴，甘甜的河水就在唇边，甜美的水果就悬于头顶。当他弯下头去喝水或抬起头去吃水果，河水和水果便会退后。我们与他的不同在于我们多半是成功的。只要我们通过尝试和努力，最终能找到可行的办法。

参考文献

一、著作

1. 〔美〕芭芭拉·凯勒曼,德博拉·L·罗德. 女性领导力:现实与挑战. 张素玲译. 上海:东方出版中心.2012.

2. 〔美〕彼得·德鲁克. 管理的实践. 齐若兰译. 北京:机械工业出版社. 2009.

3. 〔美〕彼得·德鲁克. 卓有成效的管理者. 许是详译. 北京:机械工业出版社. 2009.

4. 陈琦,刘儒德编. 当代教育心理学(第2版). 北京:北京大学出版社. 2007.

5. 程星. 世界一流大学的管理之道:大学管理决策与高等教育研究. 北京:北京大学出版社. 2011.

6. 〔美〕德雷克·博克. 回归大学之道:对美国大学本科教育的反思与展望(第2版). 侯定凯,梁爽,陈琼琼译. 上海:华东师范大学出版社. 2012.

7. 蒋莱. 女性领导力研究. 上海:复旦大学出版社. 2011.

8. 〔美〕L.迪安·韦布. 美国教育史:一场伟大的美国实验. 陈露茜,李朝阳译. 合肥:安徽教育出版社. 2009.

9. 〔美〕劳伦斯·维赛. 美国现代大学的崛起. 北京:北京大学出版

社.2011.

10. 刘利群,曾丹娜,张莉莉编.国际视野中的媒介与女性.北京:北京广播学院出版社.2007.

11. 龙小农编.生态环境及发展战略:私立大学研究.北京:中国传媒大学出版社.2011.

12. 〔美〕罗伯特·西奥迪尼.影响力.闾佳译.沈阳:万卷出版公司.2010.

13. 〔英〕罗纳德·巴尼特.高等教育理念.蓝劲松译.北京:北京大学出版社.2012.

14. 〔美〕马克·C·卡恩斯,约翰·A·加勒迪.美国通史(第12版).吴金平译.济南:山东画报出版社.2008.

15. 〔英〕乔·蒂德,约翰·贝赞特.创新管理:技术变革、市场变革和组织变革的整合(第4版).陈劲译.北京:中国人民大学出版社.2012.

16. 〔美〕斯塔夫里阿诺斯.全球通史:从史前史到21世纪(第7版修订版).吴象婴译.北京:北京大学出版社.2005.

17. Spence, Michael (2013). The Story of Emerson College: Its' Founding Impulse, Work and Form, East Sussex: Temple Lodge Publishing Ltd.

18. 王定华.透视美国教育(第2版).北京:北京大学出版社.2012.

19. 王琴,周丽娜编.大学可持续发展与女性领导力:第4届世界大学女校长论坛论文集.北京:中国传媒大学出版社.2011.

20. 王孙禺编.高等教育组织与管理.北京:高等教育出版社.2008.

21. 〔美〕韦恩·厄本,杰宁斯·瓦格纳.周晟.美国教育:一部历史档案（第3版）. 谢爱磊译. 北京：中国人民大学出版社. 2009.

22. 吴文侃，杨汉清编. 比较教育学（修订版）. 北京：人民教育出版社. 1999.

23.〔美〕亚瑟·科恩. 美国高等教育通史. 李子江译. 北京：北京大学出版社. 2010.

24.〔美〕约翰·麦克阿瑟. 领导力. 吴震环译. 海口：海南出版社. 2010.

25.〔美〕约翰·麦克斯韦尔. 领导力的5个层次. 任世杰译. 北京：金城出版社. 2012.

26.〔美〕詹姆斯·M·库泽斯，巴里·Z·波斯纳. 领导力：如何在组织中成就卓越（第5版）. 徐中，周政，王俊杰译. 北京：电子工业出版社. 2013.

27. 朱永新. 管理心理学（第2版）. 北京：高等教育出版社. 2006.

二、其他

1. 波士顿环球报（The Boston Globe）：http://www.bostonglobe.com/

2. 美国埃莫森学院官网：http://www.emerson.edu/

3. 孙雪菲.积极领导力，让领导力超越一般. 网络版链接：http://www.iceo.com.cn/guanli/110/2012/0321/244371.shtml

后　记

　　1620年,一艘名叫"五月花号"的船只将英国移民带到了美洲大陆,并在这里建立了殖民地"马萨诸塞",在印第安语里,"马萨诸塞"的意思是"一个很大的山坡地"。这片山坡地很快成为北美大陆东海岸的重要区域,它的首府设在波士顿。十几年后,闻名遐迩的哈佛大学就在这里正式成立;153年后的1773年,这里爆发了震惊世界的"波士顿倾茶事件",直接推动美利坚合众国最终走向独立。

　　1872年,清政府采纳容闳的建议,向美国派遣了中国近代史上第一批官派留学生,这群平均年龄只有12岁的孩子漂洋过海,横跨太平洋,来到了一个他们可能此前从未听说过的名叫"美利坚"的国度。他们更不曾意识到,就在他们抵达那个陌生国度之时,一场以电力应用为标志的工业革命风暴正从那里兴起并迅速席卷全球。这些孩子中,很多人在中学毕业后考入了美国东海岸新英格兰地区的各大名校,其中就有人来到了波士顿,一名进入哈佛大学,八名进入麻省理工学院。

　　彼时,这些远涉重洋的孩子无法预计,短短数年后的1880年,与哈佛大学所在坎布里奇镇(又译作剑桥镇)隔河相望的市区,会成立起一座名为"埃莫森"的学院。这所私立学院成立之初,主要向公众提供演讲辩论方面的培训和教学,在而后的100多年时间里,该校在戏剧影视、新闻传播、时尚设计等领域突飞猛进,成为美国东海岸独树一帜的特色高校。

  2010年10月,美国新格兰地区正值最美的金秋时节,午后阳光暖暖地照在路边一排排小树上,将茂密的树叶染成温暖的金色。那是我第一次踏进波士顿,第一次见到当时埃莫森学院的女校长——杰奎琳·里博格特。她看起来虽然矮矮瘦瘦,但眉宇和言谈之间散发出一种无法掩藏的精干和果断。在接下来的三天里,杰奎琳不仅亲自带我参观了埃莫森学院的各幢楼宇、各个剧院和各项设施,而且如数家珍地和我讲起每幢楼、每个剧院甚至每间演播室和制作室的来历。

  2011年11月,杰奎琳又一次来到北京,参加由中国传媒大学名誉校长刘继南教授发起的"世界大学女校长论坛"。在会议之前,刘继南

作者张龙与杰奎琳合影

教授的"完善中国现代大学制度视域中世界女子高等教育及大学女校长群体研究"项目正式获得教育部立项，而为杰奎琳多年教育生涯撰写一本传记，也被列为这个项目的内容之一。在刘校长有力的推动下，我们历时近三年，一次次与杰奎琳联络、访谈、索要图片、确认细节，均得到了杰奎琳本人和埃莫森学院方面的大力支持和帮助，我们对此表示由衷的感谢。

在这本书稿为期近三年的撰写过程中，整个创作团队付出艰辛的努力——中国新闻社曾鼐小姐、香港《文汇报》郭涵璐小姐、中国银行沈亚君小姐、中国传媒大学研究生蒋烨红小姐先后都曾参加过本书稿的资料整理和文字统筹工作；中国中央电视台美洲中心记者站记者谢晨光先生曾协助联系杰奎琳进行采访。正是每一位团队共同的努力，才使得本书稿最终能够成型并付梓。

一个女性、一所大学、一个时代……这本书稿真正想要向读者展示的，不是一个杰出女性的光辉历程，而是希望通过杰奎琳的心路历程，为读者讲述二战后一位普通的女子，仅仅靠着"学习"和"活力"这看似朴素的"法宝"，在半个多世纪的时光里，不仅被这个时代改变，同时也改变着这个时代。或许面对她的时候，我们早已不觉得需要顶礼膜拜抑或肃然起敬，因为站在眼前的，其实只是一个温暖的前辈、一个优雅的女性。

是以为跋。

张龙　谨识
2014年4月于通惠河畔

图书在版编目(CIP)数据

杰奎琳·里博格特——美国埃莫森学院校长/张龙 等著.
—北京:中国传媒大学出版社,2014.9
ISBN 978－7－5657－1156－5

Ⅰ.①杰… Ⅱ.①张… Ⅲ.①里博格特—人物研究
Ⅳ.①K837.125.46

中国版本图书馆CIP数据核字（2014）第176344号

杰奎琳·里博格特——美国埃莫森学院校长

著　　者	张　龙 等
责任编辑	曾婧娴
责任印制	曹　辉
封扉设计	创意源文化艺术
出 版 人	蔡　翔
出版发行	中国传媒大学出版社
社　　址	北京市朝阳区定福庄东街1号　邮编:100024
电　　话	86－10－65450528　65450532　传真:65779405
网　　址	http://www.cucp.com.cn
经　　销	全国新华书店
印　　刷	三河市东方印刷有限公司
开　　本	670mm×970mm　1/16
印　　张	15.25
字　　数	166千字
版　　次	2014年9月第1版　2014年9月第1次印刷
书　　号	ISBN 978－7－5657－1156－5/K·1156　定价 55.00元

版权所有　翻印必究　印装错误　负责调换

国家出版基金项目　教育部人文社科重大委托项目

探寻世界女子高等教育的发展轨迹　展现大学女校长的治校理念与风采

"世界大学女校长　女子大学"丛书

总顾问　陈至立　　主编　刘继南

丛书涉及 23 个国家的女子高等教育　34 个国家 80 余位大学女校长

吴贻芳——金陵女子大学校长	朱迪斯·甘丽雅——新西兰梅西大学校长
谢希德——复旦大学校长	朱迪斯·伍兹沃斯——加拿大康考迪亚大学校长
常沙娜——中央工艺美术学院院长	朱慧琼——津巴布韦非洲女子大学董事长
庞瑶琳——北京化工学院院长	
陈乃芳——北京外国语大学校长	澳大利亚大学女校长
回春茹　张礼玺——中华女子学院院长	大学女书记们
山红红——中国石油大学校长	大学女校长们
胡大白——黄河科技学院院长	俄罗斯大学女校长
秦　和——吉林华桥外国语学院院长	法国大学女校长
包德明——台湾铭传大学校长	非洲大学女校长
钟期荣——香港树仁大学校长	芬兰大学女校长
成嘉玲——台湾世新大学校长	韩国大学女校长
	美国常春藤大学女校长
阿丽扎·申哈——以色列厄梅克学院院长	美国五姐妹女子学院校长
戴·叶布瑞——澳大利亚麦考瑞大学校长	塞尔维亚大学女校长
居尔松·萨拉莫——伊斯坦布尔科技大学校长	意大利大学女校长
杰奎琳·里博格特——美国埃莫森学院校长	印度大学女校长
克里斯汀——冰岛大学校长	英国大学女校长
坤仁·苏查达·吉拉南——泰国朱拉隆功大学校长	中国大学女校长
玛利亚·埃莱娜·纳扎雷——葡萄牙阿威罗大学校长	
玛娜娜·萨那泽——格鲁吉亚大学校长	世界女子大学
玛维琳娜·秀茨——美国迪拉德大学校长	美国女子大学
曼珠·米舍尔——尼泊尔新闻与大众传播学院院长	韩国女子大学
英格瑞德·莫西斯——澳大利亚新英格兰大学校长	日本女子大学
朴东顺——韩国东西大学校长	中国女子高等教育
水田宗子——日本城西大学校长	
张蕴礼——夏威夷大学希罗分校校长	智慧的靓影——世界大学女校长论坛精彩瞬间

传媒人书店
（For IOS）

微信关注我们

访问我们的主页

丛书相关资源和中国传媒大学出版社信息　网站下载 http://www.cucp.com.cn
世界大学女校长论坛及丛书信息　网站下载 http://lady.163.com/special/sense/nvxiaozhang.html